AUTHENTIEK CHINEES VOEDSEL 2022

HEERLIJKE RECEPTEN VAN DE TRADITIE

JACK LI

Inhoudsopgave

Kip Met Spek..*10*

Frietjes met kip en banaan.............................*11*

Kip met gember en champignons....................*12*

Kip en Ham..*14*

Gegrilde kippenlevertjes.................................*15*

Krabballen met waterkastanjes.......................*16*

dim sum..*17*

Ham en kiprolletjes.......................................*18*

Rotatie van gebakken ham..............................*19*

Pseudo-gerookte vis......................................*20*

Gevulde champignons....................................*22*

Champignons met oestersaus..........................*23*

Varkensvlees en slabroodjes..........................*24*

Gehaktballetjes van varkensvlees en kastanje.......*26*

varkensvlees knoedels....................................*27*

Garnalen met Lychee Saus.............................*29*

Gebakken Garnalen Met Mandarijn................*31*

Garnalen met Mangetout................................*32*

Garnalen met Chinese Champignons...............*34*

Garnalen en erwten roerbak...........................*35*

Garnalen met Mango Chutney........................*36*

Peking garnalen..*38*

Garnalen Met Paprika...................................*39*

Gebakken Garnalen Met Varkensvlees............*40*

Gebakken Garnalen Met Sherrysaus................*42*

Gebakken gamba's met sesam.........................*44*

Gebakken garnalen in hun schaal....................*45*

Gefrituurde garnalen.....................................*46*

Garnalen Tempura..*47*

Kauwgom..*48*

Garnalen met Tofu..*50*

Garnalen Met Tomaat...................................*51*

Garnalen met Tomatensaus..52
Garnalen met Tomatensaus en Chili.........................53
Gebakken Garnalen Met Tomatensaus.....................54
Garnalen Met Groenten..56
Garnalen met waterkastanjes...................................57
garnalen wontons...58
Abalone Met Kip...59
Abalone Met Asperges..60
Abalone Met Champignons.......................................62
Abalone met oestersaus..62
gestoomde mosselen...63
Mosselen met taugé..65
Mosselen met Gember en Knoflook..........................66
Gebakken mosselen..67
krabkoekjes..68
krab vla..69
Chinees lommerrijk krabvlees...................................70
Foo Yung-krab met taugé...71
Krab met Gember...72
Krab Lo Mein...73
Gebakken krab met varkensvlees..............................75
Gebakken krabvlees..76
gefrituurde inktvisballetjes.......................................77
kantonese kreeft...78
gebakken kreeft..80
Gestoomde kreeft met ham.......................................81
Kreeft met Champignons...82
Kreeftstaarten met varkensvlees...............................83
Gebakken Kreeft...85
kreeft nesten..86
Mosselen in zwarte bonensaus.................................87
Mosselen met Gember..87
Gestoomde mosselen..89
gebakken oesters..90
Oesters met Spek..91
Gebakken Oesters Met Gember................................92

4

Oesters met Zwarte Bonensaus...93
Sint-jakobsschelpen met bamboescheuten..................................94
Sint-jakobsschelpen met ei 96
Sint-jakobsschelpen met Broccoli...97
Sint-jakobsschelpen met gember...98
Sint-jakobsschelpen met Ham...99
Roerei met coquilles en kruiden 100
Gebakken coquille en ui...101
Sint-jakobsschelpen met Groenten...102
Sint-jakobsschelpen met paprika 105
Inktvis met taugé..106
gefrituurde inktvis..107
inktvis pakketten..107
gefrituurde inktvisrolletjes 109
Gebakken calamares...112
Inktvis Met Gedroogde Champignons..113
Inktvis Met Groenten...114
Gestoofd rundvlees met anijs..115
Kalfsvlees Met Asperges...116
Rundvlees met bamboescheuten 118
Rundvlees met bamboescheuten en champignons 119
Chinees gestoofd rundvlees..121
Rundvlees met taugé..121
Rundvlees met broccoli 123
Rundvlees met sesamzaadjes en broccoli......................................124
Gegrilld vlees...126
kantonees vlees 127
Kalfsvlees Met Wortelen..128
Rundvlees met cashewnoten 129
Slow Cooker Runderbraadpan 130
Rundvlees Met Bloemkool 131
Kalfsvlees Met Selderij..132
Gebakken biefstukreepjes met bleekselderij..................................132
Rundergehakt met Kip en Selderij 133
Rundvlees met Chili 136
Rundvlees met Chinese Kool 138

5

Rundvlees Chop Suey *139*
Kalfsvlees Met Komkommer *141*
Rundvlees Chow Mein *142*
komkommerfilet *144*
Gebakken rundvlees curry *145*
Ham en waterkastanje omelet *147*
Omelet Met Kreeft *148*
oester omelet *149*
Garnalenomelet *150*
Omelet met Sint-jakobsschelpen *151*
Omelet met Tofu *152*
Varkensvlees Gevulde Tortilla *153*
Garnalen Gevulde Tortilla *154*
Gestoomde tortilla rolletjes met kipvulling *155*
oester pannenkoeken *156*
Garnalen pannenkoeken *157*
Chinese Roerei *158*
Roerei met vis *159*
Roerei met champignons *160*
Roerei met oestersaus *161*
Roerei met varkensvlees *162*
Roerei met varkensvlees en garnalen *163*
Roerei Met Spinazie *164*
Roerei met bieslook *165*
Roerei Met Tomaat *166*
Roerei met Groenten *167*
kippensoufflé *168*
krabsoufflé *169*
Soufflé van krab en gember *170*
vissoufflé *171*
garnalensoufflé *171*
Garnalensoufflé met taugé *172*
groentesoufflé *173*
Ei Foo Yung *174*
Gebakken Ei Foo Yung *175*
Foo Yung Krab Met Champignons *176*

6

Ham Ei Foo Yung..177
Geroosterd Varkensvlees Ei Foo Yung.......................178
Varkensei en Garnalen Foo Yung..............................179
witte rijst..180
gekookte bruine rijst..181
Rijst met rundvlees...181
Rijst met kippenlever..182
Rijst met kip en champignons....................................183
Kokosrijst..184
Rijst met krabvlees...185
Rijst met Erwten...186
Rijst met peper...187
Rijst met gepocheerd ei...188
Rijst in Singaporese stijl..189
Slow Boat Rijst...190
gestoomde gebakken rijst..191
Gebakken rijst..192
gebakken rijst met amandelen...................................193
Gebakken Rijst Met Spek En Ei..................................194
Gebakken Rijst Met Vlees...195
Gebakken Rijst Met Gehakt..196
Gebakken Rijst Met Vlees En Ui.................................197
kip gebakken rijst...198
Eend Gebakken Rijst...199
ham gebakken rijst...200
Rijst met gerookte ham met bouillon..........................201
varkensvlees gebakken rijst.......................................201
Varkensvlees en Garnalen Gebakken Rijst.................202
Gebakken rijst met garnalen......................................203
gebakken rijst en erwten..204
Zalm Gebakken Rijst...205
Speciale Gebakken Rijst...206
Tien Kostbare Rijst...207
Rijst met Gebakken Tonijn..208
Gekookte eiernoedels...209
gestoomde eiernoedels..210

Geroosterde Noedels...*210*
Gebakken noedels...*212*
Gebakken Zachte Noedels..*213*
Gestoofde Noedels...*214*
koude noedels...*215*
noedelmanden..*216*
noedelpannenkoek...*217*

Kip Met Spek

voor 4 personen

225 g / 8 oz kip, zeer dun gesneden

75 ml / 5 eetlepels sojasaus

15 ml / 1 eetlepel rijstwijn of droge sherry

1 teen knoflook geplet

15 ml / 1 eetlepel bruine suiker

5 ml / 1 theelepel zout

5 ml / 1 theelepel fijngehakte gemberwortel

225 g mager spek, in blokjes

100 g waterkastanjes, zeer dun gesneden

30 ml / 2 eetlepels honing

Doe de kip in een kom. Meng 45 ml / 3 eetlepels sojasaus met de wijn of sherry, knoflook, suiker, zout en gember, giet over de kip en marineer ongeveer 3 uur. Rijg de kip, het spek en de kastanjes aan de kebabspiesen. Meng de rest van de sojasaus met de honing en verdeel over de kebabs. Grill (braad) onder een hete grill gedurende ongeveer 10 minuten tot ze gaar zijn, keer ze regelmatig en bestrijk ze tijdens het koken met meer glazuur.

Frietjes met kip en banaan

voor 4 personen

2 gekookte kipfilets

2 stevige bananen

6 sneetjes brood

4 eieren

120 ml / 4 fl oz / ¬Ω kopje melk

50 g / 2 oz / ¬Ω kopje bloem voor alle doeleinden

225 g / 8 oz / 4 kopjes vers broodkruim

olie om te frituren

Snijd de kip in 24 stukken. Schil de bananen en snijd ze in de lengte in vieren. Snijd elk kwart in drieën om 24 stukjes te krijgen. Snijd de korst van het brood en snijd het in vieren. Klop de eieren en melk los en verdeel over een kant van het brood. Leg een stuk kip en een stuk banaan op de met ei bedekte kant van elk stuk brood. Haal de vierkanten door de bloem, dompel ze vervolgens in het ei en wentel ze door paneermeel. Dip opnieuw in het ei en paneermeel. Verhit de olie en bak een paar vierkantjes tegelijk goudbruin. Laat uitlekken op keukenpapier voor het serveren.

Kip met gember en champignons

voor 4 personen

225 g / 8 oz kippenborstfilets

5 ml / 1 theelepel vijfkruidenpoeder

15 ml / 1 eetlepel bloem voor alle doeleinden

120 ml / 4 fl oz / ¬Ω kopje arachideolie (pinda)

4 sjalotten, gehalveerd

1 teentje knoflook, gesnipperd

1 schijfje gemberwortel, fijngehakt

25 g / 1 oz / ¬° kopje cashewnoten

5 ml / 1 theelepel honing

15 ml / 1 eetlepel rijstmeel

75 ml / 5 eetlepels rijstwijn of droge sherry

100 g champignons, in vieren gedeeld

2,5 ml / ¬Ω theelepel kurkuma

6 gele pepers, gehalveerd

5 ml / 1 theelepel sojasaus

¬Ω limoensap

zout en peper

4 knapperige slablaadjes

Snijd de kipfilet diagonaal over de draad in dunne reepjes.
Bestuif met vijfkruidenpoeder en bestrooi licht met bloem. Verhit
15 ml / 1 eetlepel olie en bak de kip goudbruin. Haal uit de pan.
Verhit nog wat olie en fruit de sjalotten, knoflook, gember en
cashewnoten 1 minuut. Voeg honing toe en roer tot de groenten
bedekt zijn. Bestuif met bloem en voeg dan de wijn of sherry toe.
Voeg de champignons, kurkuma en pepers toe en bak 1 minuut
mee. Voeg kip, sojasaus, de helft van het limoensap, zout en
peper toe en verwarm. Haal uit de pan en houd warm. Verhit nog
wat olie, voeg de slablaadjes toe en bak snel aan, breng op smaak
met peper en zout en het resterende limoensap.

Kip en Ham

voor 4 personen

225 g / 8 oz kip, zeer dun gesneden

75 ml / 5 eetlepels sojasaus

15 ml / 1 eetlepel rijstwijn of droge sherry

15 ml / 1 eetlepel bruine suiker

5 ml / 1 theelepel fijngehakte gemberwortel

1 teen knoflook geplet

225 g gekookte ham, in blokjes

30 ml / 2 eetlepels honing

Doe de kip in een kom met 45 ml/3 eetlepels sojasaus, de wijn of sherry, de suiker, de gember en de knoflook. Laat 3 uur marineren. Rijg de kip en ham aan de kebabspiesen. Meng de rest van de sojasaus met de honing en verdeel over de kebabs. Grill (braad) onder een hete grill gedurende ongeveer 10 minuten, draai ze regelmatig om en bestrijk ze tijdens het koken met het glazuur.

Gegrilde kippenlevertjes

voor 4 personen

450 g / 1 pond kippenlevertjes

45 ml / 3 eetlepels sojasaus

15 ml / 1 eetlepel rijstwijn of droge sherry

15 ml / 1 eetlepel bruine suiker

5 ml / 1 theelepel zout

5 ml / 1 theelepel fijngehakte gemberwortel

1 teen knoflook geplet

Kook de kippenlevertjes 2 minuten in kokend water en laat ze daarna goed uitlekken. Doe in een kom met alle overige ingrediënten behalve de olie en marineer ongeveer 3 uur. Rijg kippenlevers aan spiesjes en gril (braad) onder een hete grill in ca. 8 minuten goudbruin.

Krabballen met waterkastanjes

voor 4 personen

450 g / 1 pond krabvlees, gehakt

100 g waterkastanjes, gehakt

1 teen knoflook geplet

1 cm/¬Ω gesneden gemberwortel, fijngehakt

45 ml / 3 eetlepels maizena (maizena)

30 ml / 2 eetlepels sojasaus

15 ml / 1 eetlepel rijstwijn of droge sherry

5 ml / 1 theelepel zout

5 ml / 1 theelepel suiker

3 losgeklopte eieren

olie om te frituren

Meng alle ingrediënten behalve de olie en vorm er balletjes van. Verhit de olie en bak de krabballetjes goudbruin. Laat goed uitlekken voor het serveren.

dim sum

voor 4 personen

100 g gepelde garnalen, gehakt

225 g / 8 oz mager varkensvlees, fijngehakt

50 g / 2 oz paksoi, fijngehakt

3 lente-uitjes (lente-uitjes), fijngehakt

1 losgeklopt ei

30 ml / 2 eetlepels maizena (maizena)

10 ml / 2 theelepels sojasaus

5 ml / 1 theelepel sesamolie

5 ml / 1 theelepel oestersaus

24 wontonvellen

olie om te frituren

Meng garnalen, varkensvlees, kool en lente-uitjes. Meng het ei, maïsmeel, sojasaus, sesamolie en oestersaus. Laat lepels van het mengsel in het midden van elke wontonvel vallen. Druk de wikkels voorzichtig rond de vulling, breng de randen bij elkaar maar laat de bovenkant open. Verhit de olie en bak de dim sums met een paar tegelijk goudbruin. Laat goed uitlekken en serveer warm.

Ham en kiprolletjes

voor 4 personen

2 kipfilets

1 teen knoflook geplet

2,5 ml / ¬Ω theelepel zout

2,5 ml / ¬Ω theelepel vijfkruidenpoeder

4 sneetjes gekookte ham

1 losgeklopt ei

30 ml / 2 eetlepels melk

25 g / 1 oz / ¬° kopje bloem voor alle doeleinden

4 loempia's

olie om te frituren

Snijd de kipfilets doormidden. Stamp ze tot ze heel fijn zijn.
Meng de knoflook, het zout en het vijfkruidenpoeder en strooi dit
over de kip. Leg op elk stuk kip een plakje ham en rol stevig op.
Meng het ei en de melk. Haal de stukjes kip door de bloem en
dompel ze dan in het eiermengsel. Leg elk stuk op het vel van
een loempia en bestrijk de randen met losgeklopt ei. Vouw de
zijkanten naar binnen en rol ze samen, knijp de randen dicht om
te verzegelen. Verhit de olie en bak de broodjes in ongeveer 5
minuten goudbruin en gaar. Laat uitlekken op keukenpapier en
snij in dikke diagonale plakken om te serveren.

Rotatie van gebakken ham

voor 4 personen

350 g / 12 oz / 3 kopjes bloem voor alle doeleinden

175 g / 6 oz / ¬œ kopje boter

120 ml / 4 fl oz / ¬Ω kopje water

225 g gehakte ham

100g / 4oz bamboescheuten, gehakt

2 lente-uitjes (lente-uitjes), fijngehakt

15 ml / 1 eetlepel sojasaus

30 ml / 2 eetlepels sesamzaad

Doe de bloem in een kom en wrijf de boter erdoor. Meng met het water tot een deeg. Rol het deeg uit en snijd het in cirkels van 5/2 cm. Meng alle overige ingrediënten behalve de sesamzaadjes en leg in elke cirkel een eetlepel. Bestrijk de randen van het deeg met water en sluit af. Bestrijk de buitenkant met water en bestrooi met sesamzaadjes. Bak in een voorverwarmde oven op 180 C / 350 F / gasstand 4 gedurende 30 minuten.

Pseudo-gerookte vis

voor 4 personen

1 zeebaars

3 plakjes gemberwortel, in plakjes

1 teen knoflook geplet

1 lente-ui (sjalotjes), dik gesneden

75 ml / 5 eetlepels sojasaus

30 ml / 2 eetlepels rijstwijn of droge sherry

2,5 ml / ¬Ω theelepel gemalen anijs

2,5 ml / ¬Ω theelepel sesamolie

10 ml / 2 theelepels suiker

120 ml / 4 fl oz / ¬Ω kopje bouillon

olie om te frituren

5 ml / 1 theelepel maizena (maizena)

Snijd de vis bij en snijd hem tegen de draad in in plakken van 5 mm. Meng gember, knoflook, bosui, 60 ml/4 eetlepels sojasaus, sherry, anijs en sesamolie. Giet over de vis en meng voorzichtig. Laat 2 uur staan, af en toe keren.

Laat de marinade uitlekken in een pan en droog de vis op keukenpapier. Voeg de suiker, de bouillon en de resterende sojasaus toe aan de marinade, breng aan de kook en laat 1 minuut sudderen. Als u de saus wilt indikken, meng dan de maizena met een beetje koud water, roer dit door de saus en laat al roerend sudderen tot de saus dikker wordt.

Verhit intussen de olie en bak de vis goudbruin. Goed laten uitlekken. Doop de stukken vis in de marinade en leg ze op een hete serveerschaal. Serveer warm of koud.

Gevulde champignons

voor 4 personen

12 grote doppen gedroogde paddenstoelen

225 g / 8 oz krabvlees

3 waterkastanjes, fijngehakt

2 lente-uitjes (lente-uitjes), fijngesnipperd

1 eiwit

15 ml / 1 eetlepel maizena (maizena)

15 ml / 1 eetlepel sojasaus

15 ml / 1 eetlepel rijstwijn of droge sherry

Week de champignons een nacht in warm water. Droog persen. Meng de overige ingrediënten door elkaar en gebruik om paddenstoelendoppen te vullen. Plaats op een stoomrek en stoom gedurende 40 minuten. Heet opdienen.

Champignons met oestersaus

voor 4 personen

10 gedroogde Chinese champignons
250 ml / 8 fl oz / 1 kop runderbouillon
15 ml / 1 eetlepel maizena (maizena)
30 ml / 2 eetlepels oestersaus
5 ml / 1 theelepel rijstwijn of droge sherry

Week de paddenstoelen 30 minuten in warm water, giet ze af en bewaar 250 ml / 8 fl oz / 1 kopje weekvloeistof. Gooi de stengels weg. Meng 60 ml/4 eetlepels runderbouillon met de maizena tot je een pasta krijgt. Breng de resterende runderbouillon met champignons en champignonvocht aan de kook, dek af en laat 20 minuten sudderen. Haal de champignons met een schuimspaan uit het vocht en leg ze op een warme serveerschaal. Voeg de oestersaus en sherry toe aan de pan en laat al roerend 2 minuten sudderen. Voeg de maïsmeelpasta toe en kook op laag vuur al roerend tot de saus dikker wordt. Giet over de champignons en serveer meteen.

Varkensvlees en slabroodjes

voor 4 personen

4 gedroogde Chinese champignons

15 ml / 1 eetlepel arachideolie

225 g / 8 oz mager varkensvlees, fijngehakt

100g / 4oz bamboescheuten, gehakt

100 g waterkastanjes, gehakt

4 lente-uitjes (lente-uitjes), fijngehakt

175 g / 6 oz krabvlees, in vlokken

30 ml / 2 eetlepels rijstwijn of droge sherry

15 ml / 1 eetlepel sojasaus

10 ml / 2 theelepels oestersaus

10 ml / 2 theelepels sesamolie

9 chinese bladeren

Week de champignons 30 minuten in warm water en giet ze daarna af. Gooi stengels weg en hak de toppen. Verhit de olie en bak het varkensvlees 5 minuten. Voeg de champignons, bamboescheuten, waterkastanjes, lente-uitjes en krabvlees toe en bak 2 minuten mee. Meng de wijn of sherry, sojasaus, oestersaus en sesamolie en roer de pan erdoor. Haal van het vuur. Blancheer intussen de Chinese bladeren 1 minuut in kokend water en giet ze af. Laat lepels van het varkensvleesmengsel in het midden van elk vel vallen, vouw de zijkanten naar binnen en rol op om te serveren.

Gehaktballetjes van varkensvlees en kastanje

voor 4 personen

450 g / 1 pond varkensgehakt (gemalen)

50 g champignons, fijngehakt

50 g waterkastanjes, fijngehakt

1 teen knoflook geplet

1 losgeklopt ei

30 ml / 2 eetlepels sojasaus

15 ml / 1 eetlepel rijstwijn of droge sherry

5 ml / 1 theelepel fijngehakte gemberwortel

5 ml / 1 theelepel suiker

Zout

30 ml / 2 eetlepels maizena (maizena)

olie om te frituren

Meng alle ingrediënten behalve maizena en vorm er balletjes van. Rol in de maïsmeel. Verhit de olie en bak de gehaktballetjes in ongeveer 10 minuten goudbruin. Laat goed uitlekken voor het serveren.

varkensvlees knoedels

voor 4 personen

450 g / 1 pond bloem voor alle doeleinden

500 ml / 17 fl oz / 2 kopjes water

450 g gekookt varkensvlees, fijngehakt

225 g gepelde garnalen, gehakt

4 stengels bleekselderij, fijngesneden

15 ml / 1 eetlepel sojasaus

15 ml / 1 eetlepel rijstwijn of droge sherry

15 ml / 1 eetlepel sesamolie

5 ml / 1 theelepel zout

2 lente-uitjes (lente-uitjes), fijngesnipperd

2 teentjes knoflook, gehakt

1 schijfje gemberwortel, fijngehakt

Meng de bloem en het water tot een glad deeg en kneed goed.
Dek af en laat 10 minuten staan. Rol het deeg zo dun mogelijk uit
en snijd het in cirkels van 5/2 cm. Meng alle overige
ingrediënten. Laat lepels van het mengsel in elke cirkel vallen,
bevochtig de randen en sluit ze tot een halve cirkel. Breng een
pan met water aan de kook en laat de gehaktballetjes voorzichtig
in het water vallen. Als de gehaktballen boven komen drijven,

voeg dan 150 ml / ¬°pt / ¬æ kopje koud water toe en breng het water weer aan de kook. Als de gehaktballen weer omhoog komen, zijn ze gaar.

Garnalen met Lychee Saus

voor 4 personen

50 g / 2 oz / ¬Ω enkele kop (voor alle doeleinden)

meel

2,5 ml / ¬Ω theelepel zout

1 ei, licht geklopt

30 ml / 2 eetlepels water

450 g / 1 pond gepelde garnalen

olie om te frituren

30 ml / 2 eetlepels arachideolie

2 plakjes gemberwortel, fijngesneden

30 ml / 2 eetlepels wijnazijn

5 ml / 1 theelepel suiker

2,5 ml / ¬Ω theelepel zout

15 ml / 1 eetlepel sojasaus

200 g / 7oz ingeblikte lychees, uitgelekt

Klop de bloem, het zout, het ei en het water door elkaar tot een deeg, voeg indien nodig nog wat water toe. Meng met de garnalen tot ze goed bedekt zijn. Verhit de olie en bak de garnalen een paar minuten tot ze krokant en goudbruin zijn. Laat uitlekken op keukenpapier en leg op een hete serveerschaal. Verhit intussen de olie en bak de gember 1 minuut. Voeg de wijnazijn, suiker, zout en sojasaus toe. Voeg de lychees toe en roer tot ze heet zijn en bedekt met saus. Giet over de garnalen en serveer meteen.

Gebakken Garnalen Met Mandarijn

voor 4 personen

60 ml / 4 eetlepels arachideolie

1 teen knoflook geplet

1 schijfje gemberwortel, fijngehakt

450 g / 1 pond gepelde garnalen

30 ml / 2 eetlepels rijstwijn of droge sherry 30 ml / 2 eetlepels

sojasaus

15 ml / 1 eetlepel maizena (maizena)

45 ml / 3 eetlepels water

Verhit de olie en fruit de knoflook en gember tot ze lichtbruin zijn. Voeg de garnalen toe en bak 1 minuut mee. Voeg de wijn of sherry toe en roer goed door. Voeg sojasaus, maizena en water toe en bak 2 minuten mee.

Garnalen met Mangetout

voor 4 personen

5 gedroogde Chinese champignons

225 g taugé

60 ml / 4 eetlepels arachideolie

5 ml / 1 theelepel zout

2 stengels bleekselderij, fijngesneden

4 lente-uitjes (lente-uitjes), fijngehakt

2 teentjes knoflook, gehakt

2 plakjes gemberwortel, fijngesneden

60 ml / 4 eetlepels water

15 ml / 1 eetlepel sojasaus

15 ml / 1 eetlepel rijstwijn of droge sherry

225 g sugar snaps

225 g / 8 oz gepelde garnalen

15 ml / 1 eetlepel maizena (maizena)

Week de champignons 30 minuten in warm water en giet ze daarna af. Gooi de stelen weg en snij de toppen eraf. Blancheer de taugé 5 minuten in kokend water en laat goed uitlekken. Verhit de helft van de olie en fruit het zout, de bleekselderij, de lente-uitjes en de taugé 1 minuut en haal ze dan uit de pan. Verhit de rest van de olie en fruit de knoflook en gember tot ze lichtbruin zijn. Voeg de helft van het water, sojasaus, wijn of sherry, sugar snaps en garnalen toe, breng aan de kook en laat 3 minuten sudderen. Meng maïsmeel en het resterende water tot een pasta, roer in de pan en laat al roerend sudderen tot de saus dikker wordt. Doe de groenten terug in de pan, laat sudderen tot ze zijn opgewarmd. Serveer in één keer.

Garnalen met Chinese Champignons

voor 4 personen

8 gedroogde Chinese champignons

45 ml / 3 eetlepels arachideolie (pinda)

3 plakjes gemberwortel, fijngehakt

450 g / 1 pond gepelde garnalen

15 ml / 1 eetlepel sojasaus

5 ml / 1 theelepel zout

60 ml / 4 eetlepels visbouillon

Week de champignons 30 minuten in warm water en giet ze daarna af. Gooi de stelen weg en snij de toppen eraf. Verhit de helft van de olie en bak de gember licht goudbruin. Voeg de garnalen, sojasaus en zout toe en bak tot ze bedekt zijn met olie en haal ze uit de pan. Verhit de rest van de olie en bak de champignons tot ze onder de olie staan. Voeg de bouillon toe, breng aan de kook, dek af en laat 3 minuten sudderen. Doe de garnalen terug in de pan en roer tot ze zijn opgewarmd.

Garnalen en erwten roerbak

voor 4 personen

450 g / 1 pond gepelde garnalen

5 ml / 1 theelepel sesamolie

5 ml / 1 theelepel zout

30 ml / 2 eetlepels arachideolie

1 teen knoflook geplet

1 schijfje gemberwortel, fijngehakt

225g / 8oz bevroren of geblancheerde erwten, ontdooid

4 lente-uitjes (lente-uitjes), fijngehakt

30 ml / 2 eetlepels water

zout en peper

Meng de garnalen met de sesamolie en het zout. Verhit de olie en fruit de knoflook en gember 1 minuut. Voeg de garnalen toe en bak 2 minuten mee. Voeg de erwtjes toe en bak 1 minuut mee. Voeg de lente-uitjes en het water toe en breng op smaak met zout en peper en eventueel nog wat sesamolie. Verwarm, al roerend, voor het serveren.

Garnalen met Mango Chutney

voor 4 personen

12 garnalen

zout en peper

sap van 1 citroen

30 ml / 2 eetlepels maizena (maizena)

1 mango

5 ml / 1 theelepel mosterdpoeder

5 ml / 1 theelepel honing

30 ml / 2 eetlepels kokosroom

30 ml / 2 eetlepels milde kerriepoeder

120 ml / 4 fl oz / ¬Ω kopje kippenbouillon

45 ml / 3 eetlepels arachideolie (pinda)

2 teentjes knoflook fijngehakt

2 lente-uitjes (lente-uitjes), fijngehakt

1 venkelknol, fijngesneden

100g / 4oz mangochutney

Pel de garnalen, laat de staarten intact. Bestrooi met zout, peper en citroensap en bedek met de helft van de maïsmeel. Schil de mango, snijd het vruchtvlees uit de pit en snijd het vruchtvlees in blokjes. Meng de mosterd, honing, kokosroom, kerriepoeder, de rest van de maizena en de bouillon. Verhit de helft van de olie en fruit de knoflook, lente-uitjes en venkel 2 minuten. Voeg het bouillonmengsel toe, breng aan de kook en laat 1 minuut sudderen. Voeg de mangoblokjes en hete saus toe en verwarm zachtjes, en breng over naar een warme serveerschaal. Verhit de rest van de olie en bak de garnalen 2 minuten. Leg ze op de groenten en serveer ze allemaal tegelijk.

Peking garnalen

voor 4 personen

30 ml / 2 eetlepels arachideolie

2 teentjes knoflook, gehakt

1 plakje gemberwortel, fijngehakt

225 g / 8 oz gepelde garnalen

4 lente-uitjes (lente-uitjes), dik gesneden

120 ml / 4 fl oz / ¬Ω kopje kippenbouillon

5 ml / 1 theelepel bruine suiker

5 ml / 1 theelepel sojasaus

5 ml / 1 theelepel hoisinsaus

5 ml / 1 theelepel Tabasco saus

Verhit de olie met de knoflook en gember en bak tot de knoflook licht goudbruin is. Voeg de garnalen toe en bak 1 minuut mee. Voeg de uien toe en bak 1 minuut mee. Voeg de overige ingrediënten toe, breng aan de kook, dek af en laat 4 minuten sudderen, af en toe roeren. Controleer de kruiden en voeg eventueel nog wat Tabasco-saus toe.

voor 4 personen

30 ml / 2 eetlepels arachideolie

1 groene paprika in blokjes gesneden

450 g / 1 pond gepelde garnalen

10 ml / 2 theelepels maizena (maizena)

60 ml / 4 eetlepels water

5 ml / 1 theelepel rijstwijn of droge sherry

2,5 ml / ¬Ω theelepel zout

45 ml / 2 eetlepels tomatenpuree (pasta)

Verhit de olie en bak de paprika 2 minuten. Voeg de garnalen en tomatenpuree toe en roer goed door. Meng het maïsmeelwater, de wijn of de sherry en het zout tot een pasta, roer in de pan en laat al roerend sudderen tot de saus helder en dikker wordt.

Gebakken Garnalen Met Varkensvlees

voor 4 personen

225 g / 8 oz gepelde garnalen

100 g mager varkensvlees, versnipperd

60 ml / 4 eetlepels rijstwijn of droge sherry

1 eiwit

45 ml / 3 eetlepels maizena (maizena)

5 ml / 1 theelepel zout

15 ml / 1 eetlepel water (optioneel)

90 ml / 6 eetlepels arachideolie (pinda)

45 ml / 3 eetlepels visbouillon

5 ml / 1 theelepel sesamolie

Schik garnalen en varkensvlees op aparte borden. Meng 45 ml / 3 eetlepels wijn of sherry, het eiwit, 30 ml / 2 eetlepels maïsmeel en het zout tot een los deeg, voeg indien nodig water toe. Verdeel het mengsel over het varkensvlees en de garnalen en hussel het goed door elkaar zodat het gelijkmatig bedekt is. Verhit de olie en bak het varkensvlees en de garnalen een paar minuten goudbruin. Haal uit de pan en giet er alles behalve 15 ml / 1 eetlepel olie in. Voeg de bouillon toe aan de pan met de resterende wijn of sherry en maïsmeel. Breng aan de kook en laat al roerend sudderen tot de saus dikker wordt. Giet over de garnalen en het varkensvlees en serveer besprenkeld met sesamolie.

Gebakken Garnalen Met Sherrysaus

voor 4 personen

50 g / 2 oz / ¬Ω kopje bloem voor alle doeleinden

2,5 ml / ¬Ω theelepel zout

1 ei, licht geklopt

30 ml / 2 eetlepels water

450 g / 1 pond gepelde garnalen

olie om te frituren

15 ml / 1 eetlepel arachideolie

1 ui fijngesnipperd

45 ml / 3 eetlepels rijstwijn of droge sherry

15 ml / 1 eetlepel sojasaus

120 ml / 4 fl oz / ¬Ω kopje visbouillon

10 ml / 2 theelepels maizena (maizena)

30 ml / 2 eetlepels water

Klop de bloem, het zout, het ei en het water door elkaar tot een deeg, voeg indien nodig nog wat water toe. Meng met de garnalen tot ze goed bedekt zijn. Verhit de olie en bak de garnalen een paar minuten tot ze krokant en goudbruin zijn. Laat uitlekken op keukenpapier en leg op een warme serveerschaal. Verhit intussen de olie en fruit de ui tot hij zacht is. Voeg de wijn of sherry, sojasaus en bouillon toe, breng aan de kook en laat 4 minuten sudderen. Meng de maïsmeel en het water tot een pasta, roer in de pan en laat al roerend sudderen tot de saus helder en dikker wordt. Giet de saus over de garnalen en serveer.

Gebakken gamba's met sesam

voor 4 personen

450 g / 1 pond gepelde garnalen

¬Ω eiwit

5 ml / 1 theelepel sojasaus

5 ml / 1 theelepel sesamolie

50 g / 2 oz / ¬Ω kopje maïsmeel (maizena)

zout en versgemalen witte peper

olie om te frituren

60 ml / 4 eetlepels sesamzaad

Sla blaadjes

Meng de garnalen met het eiwit, sojasaus, sesamolie, maizena, zout en peper. Voeg een beetje water toe als het mengsel te dik is. Verhit de olie en bak de garnalen een paar minuten tot ze lichtbruin zijn. Rooster ondertussen de sesamzaadjes kort in een droge koekenpan goudbruin. Giet de garnalen af en meng ze met de sesamzaadjes. Serveer op een bedje van sla.

Gebakken garnalen in hun schaal

voor 4 personen

60 ml / 4 eetlepels arachideolie

750 g ongepelde garnalen

3 lente-uitjes (lente-uitjes), fijngehakt

3 plakjes gemberwortel, fijngehakt

2,5 ml / ¬Ω theelepel zout

15 ml / 1 eetlepel rijstwijn of droge sherry

120 ml / 4 fl oz / ¬Ω kopje tomatensaus (ketchup)

15 ml / 1 eetlepel sojasaus

15 ml / 1 eetlepel suiker

15 ml / 1 eetlepel maizena (maizena)

60 ml / 4 eetlepels water

Verhit de olie en bak de garnalen 1 minuut als ze gaar zijn of tot ze roze worden als ze rauw zijn. Voeg de lente-uitjes, gember, zout en wijn of sherry toe en bak 1 minuut mee. Voeg de tomatensaus, sojasaus en suiker toe en bak 1 minuut mee. Combineer maïsmeel en water, roer in de pan en laat sudderen, al roerend, tot de saus helder en dikker wordt.

Gefrituurde garnalen

voor 4 personen

75 g / 3 oz / hoop ¬° kopje maïsmeel (maizena)

1 eiwit

5 ml / 1 theelepel rijstwijn of droge sherry

Zout

350 g / 12 oz gepelde garnalen

olie om te frituren

Klop de maïsmeel, het eiwit, de wijn of sherry en een snufje zout door elkaar tot een dik beslag. Dompel de garnalen in het beslag tot ze goed bedekt zijn. Verhit de olie tot matig heet en bak de garnalen een paar minuten goudbruin. Haal uit de olie, verwarm tot heet en bak de garnalen opnieuw tot ze knapperig en goudbruin zijn.

Garnalen Tempura

voor 4 personen

450 g / 1 pond gepelde garnalen

30 ml / 2 eetlepels bloem voor alle doeleinden

30 ml / 2 eetlepels maizena (maizena)

30 ml / 2 eetlepels water

2 losgeklopte eieren

olie om te frituren

Snijd de garnalen tot het midden van de binnenste ronding en spreid ze uit tot een vlinder. Meng de bloem, maizena en water tot een deeg en voeg dan de eieren toe. Verhit de olie en bak de garnalen goudbruin.

Kauwgom

voor 4 personen

30 ml / 2 eetlepels arachideolie

2 lente-uitjes (lente-uitjes), fijngehakt

1 teen knoflook geplet

1 schijfje gemberwortel, fijngehakt

100 g kipfilet, in reepjes gesneden

100 g ham, in reepjes gesneden

100 g bamboescheuten, in reepjes gesneden

100 g waterkastanjes, in reepjes gesneden

225 g / 8 oz gepelde garnalen

30 ml / 2 eetlepels sojasaus

30 ml / 2 eetlepels rijstwijn of droge sherry

5 ml / 1 theelepel zout

5 ml / 1 theelepel suiker

5 ml / 1 theelepel maizena (maizena)

Verhit de olie en fruit de lente-uitjes, knoflook en gember tot ze lichtbruin zijn. Voeg de kip toe en bak 1 minuut mee. Voeg de ham, bamboescheuten en waterkastanjes toe en bak 3 minuten mee. Voeg de garnalen toe en bak 1 minuut mee. Voeg de sojasaus, wijn of sherry, zout en suiker toe en bak 2 minuten mee. Meng de maïsmeel met een beetje water, roer dit door de pan en kook op laag vuur al roerend 2 minuten.

Garnalen met Tofu

voor 4 personen

45 ml / 3 eetlepels arachideolie (pinda)

225 g / 8 oz tofu, in blokjes

1 lente-ui (lente-ui), gesnipperd

1 teen knoflook geplet

15 ml / 1 eetlepel sojasaus

5 ml / 1 theelepel suiker

90 ml / 6 eetlepels visbouillon

225 g / 8 oz gepelde garnalen

15 ml / 1 eetlepel maizena (maizena)

45 ml / 3 eetlepels water

Verhit de helft van de olie en bak de tofu lichtbruin en haal hem uit de pan. Verhit de rest van de olie en fruit de lente-uitjes en knoflook tot ze lichtbruin zijn. Voeg sojasaus, suiker en bouillon toe en breng aan de kook. Voeg de garnalen toe en roerbak 3 minuten op laag vuur. Meng de maïsmeel en het water tot een pasta, roer in de pan en laat al roerend sudderen tot de saus dikker wordt. Doe de tofu terug in de pan en laat sudderen tot hij is opgewarmd.

Garnalen Met Tomaat

voor 4 personen

2 eiwitten

30 ml / 2 eetlepels maizena (maizena)

5 ml / 1 theelepel zout

450 g / 1 pond gepelde garnalen

olie om te frituren

30 ml / 2 eetlepels rijstwijn of droge sherry

225 g / 8 oz tomaten, ontveld, zonder zaadjes en in stukjes

Meng de eiwitten, maizena en zout. Garnalen toevoegen tot ze goed bedekt zijn. Verhit de olie en bak de garnalen tot ze gaar zijn. Giet alles behalve 15 ml/1 eetlepel olie erbij en verwarm opnieuw. Voeg de wijn of sherry en tomaten toe en breng aan de kook. Garnalen toevoegen en snel opwarmen voor het serveren.

Garnalen met Tomatensaus

voor 4 personen

30 ml / 2 eetlepels arachideolie

1 teen knoflook geplet

2 plakjes gemberwortel, fijngesneden

2,5 ml / ¬Ω theelepel zout

15 ml / 1 eetlepel rijstwijn of droge sherry

15 ml / 1 eetlepel sojasaus

6 ml / 4 eetlepels tomatensaus (ketchup)

120 ml / 4 fl oz / ¬Ω kopje visbouillon

350 g / 12 oz gepelde garnalen

10 ml / 2 theelepels maizena (maizena)

30 ml / 2 eetlepels water

Verhit de olie en fruit de knoflook, gember en zout 2 minuten.
Voeg de wijn of sherry, sojasaus, tomatensaus en bouillon toe en
breng aan de kook. Voeg de garnalen toe, dek af en kook op laag
vuur gedurende 2 minuten. Meng de maïsmeel en het water tot
een pasta, roer het in de pan en laat het al roerend sudderen tot de
saus helder en dikker wordt.

Garnalen met Tomatensaus en Chili

voor 4 personen

60 ml / 4 eetlepels arachideolie

15 ml / 1 eetlepel fijngehakte gember

15 ml / 1 eetlepel gehakte knoflook

15 ml / 1 eetlepel gehakte bieslook

60 ml / 4 eetlepels tomatenpuree (pasta)

15 ml / 1 eetlepel chilisaus

450 g / 1 pond gepelde garnalen

15 ml / 1 eetlepel maizena (maizena)

15 ml / 1 eetlepel water

Verhit de olie en fruit de gember, knoflook en lente-ui 1 minuut. Voeg tomatenpuree en chilisaus toe en meng goed. Voeg de garnalen toe en bak 2 minuten mee. Meng de maizena en het water tot een pasta, roer dit door de pan en laat sudderen tot de saus indikt. Serveer in één keer.

voor 4 personen

50 g / 2 oz / ¬Ω kopje bloem voor alle doeleinden

2,5 ml / ¬Ω theelepel zout

1 ei, licht geklopt

30 ml / 2 eetlepels water

450 g / 1 pond gepelde garnalen

olie om te frituren

30 ml / 2 eetlepels arachideolie

1 ui fijngesnipperd

2 plakjes gemberwortel, fijngesneden

75 ml / 5 eetlepels tomatensaus (ketchup)

10 ml / 2 theelepels maizena (maizena)

30 ml / 2 eetlepels water

Klop de bloem, het zout, het ei en het water door elkaar tot een deeg, voeg indien nodig nog wat water toe. Meng met de garnalen tot ze goed bedekt zijn. Verhit de olie en bak de garnalen een paar minuten tot ze krokant en goudbruin zijn. Laat uitlekken op keukenpapier.

Verhit intussen de olie en fruit de ui en gember tot ze zacht zijn. Voeg de tomatensaus toe en laat 3 minuten sudderen. Meng de maïsmeel en het water tot een pasta, roer in de pan en laat al roerend sudderen tot de saus dikker wordt. Voeg garnalen toe aan de koekenpan en kook op laag vuur tot ze door en door verhit zijn. Serveer in één keer.

Garnalen Met Groenten

voor 4 personen

15 ml / 1 eetlepel arachideolie

225 g broccoliroosjes

225g / 8oz champignons

225 g / 8 oz bamboescheuten, in plakjes

450 g / 1 pond gepelde garnalen

120 ml / 4 fl oz / ¬Ω kopje kippenbouillon

5 ml / 1 theelepel maizena (maizena)

5 ml / 1 theelepel oestersaus

2,5 ml / ¬Ω theelepel suiker

2,5 ml / ¬Ω theelepel geraspte gemberwortel

snufje versgemalen peper

Verhit de olie en bak de broccoli 1 minuut. Voeg de
champignons en bamboescheuten toe en bak 2 minuten mee.
Voeg de garnalen toe en bak 2 minuten mee. Combineer de
resterende ingrediënten en meng met het garnalenmengsel. Breng
al roerend aan de kook en laat 1 minuut sudderen, onder
voortdurend roeren.

Garnalen met waterkastanjes

voor 4 personen

60 ml / 4 eetlepels arachideolie

1 fijngehakt teentje knoflook

1 schijfje gemberwortel, fijngehakt

450 g / 1 pond gepelde garnalen

30 ml / 2 eetlepels rijstwijn of droge sherry 225 g / 8 oz

waterkastanjes, in plakjes

30 ml / 2 eetlepels sojasaus

15 ml / 1 eetlepel maizena (maizena)

45 ml / 3 eetlepels water

Verhit de olie en fruit de knoflook en gember tot ze lichtbruin zijn. Voeg de garnalen toe en bak 1 minuut mee. Voeg de wijn of sherry toe en roer goed door. Voeg de waterkastanjes toe en bak 5 minuten mee. Voeg de overige ingrediënten toe en bak 2 minuten mee.

garnalen wontons

voor 4 personen

450 g gepelde garnalen, in stukjes

225 g / 8 oz gemengde groenten, gesneden

15 ml / 1 eetlepel sojasaus

2,5 ml / ¬Ω theelepel zout

een paar druppels sesamolie

40 wontonvellen

olie om te frituren

Meng garnalen, groenten, sojasaus, zout en sesamolie.

Om de wontons te vouwen, houd je het vel in de palm van je linkerhand en leg je een beetje vulling in het midden. Bevochtig de randen met ei en vouw de huid in een driehoek, sluit de randen af. Bevochtig de hoeken met ei en draai.

Verhit de olie en bak de wontons met een paar tegelijk goudbruin. Laat goed uitlekken voor het serveren.

Abalone Met Kip

voor 4 personen

400 g / 14 oz ingeblikte abalone

30 ml / 2 eetlepels arachideolie

100 g / 4 oz kipfilet, in blokjes gesneden

100g / 4oz bamboescheuten, in plakjes

250 ml / 8 fl oz / 1 kop visbouillon

15 ml / 1 eetlepel rijstwijn of droge sherry

5 ml / 1 theelepel suiker

2,5 ml / ¬Ω theelepel zout

15 ml / 1 eetlepel maizena (maizena)

45 ml / 3 eetlepels water

Giet af en snijd de abalone in plakjes, bewaar het sap. Verhit de olie en bak de kip lichtbruin. Voeg de abalone en bamboescheuten toe en bak 1 minuut mee. Voeg de abalone vloeistof, bouillon, wijn of sherry, suiker en zout toe, breng aan de kook en laat 2 minuten sudderen. Meng de maïsmeel en het water tot een pasta en laat al roerend sudderen tot de saus helder en dikker wordt. Serveer in één keer.

Abalone Met Asperges

voor 4 personen

10 gedroogde Chinese champignons

30 ml / 2 eetlepels arachideolie

15 ml / 1 eetlepel water

225g / 8oz asperges

2,5 ml / ¬Ω theelepel vissaus

15 ml / 1 eetlepel maizena (maizena)

225 g / 8 oz ingeblikte abalone, in plakjes

60 ml / 4 eetlepels bouillon

¬Ω kleine wortel, in schijfjes

5 ml / 1 theelepel sojasaus

5 ml / 1 theelepel oestersaus

5 ml / 1 theelepel rijstwijn of droge sherry

Week de champignons 30 minuten in warm water en giet ze daarna af. Gooi de stengels weg. Verhit 15 ml / 1 eetlepel olie met het water en bak de champignons 10 minuten. Kook ondertussen de asperges in kokend water met de vissaus en 5 ml/1 tl maizena gaar. Laat goed uitlekken en leg op een verwarmde serveerschaal met de champignons. Houd ze warm. Verhit de rest van de olie en bak de abalone enkele seconden, voeg dan de bouillon, wortel, sojasaus, oestersaus, wijn of sherry en de rest van de maizena toe. Kook ongeveer 5 minuten tot ze gaar zijn, giet dan over de asperges en serveer.

Abalone Met Champignons

voor 4 personen

6 gedroogde Chinese champignons

400 g / 14 oz ingeblikte abalone

45 ml / 3 eetlepels arachideolie (pinda)

2,5 ml / ¬Ω theelepel zout

15 ml / 1 eetlepel rijstwijn of droge sherry

3 lente-uitjes (lente-uitjes), dik gesneden

Week de champignons 30 minuten in warm water en giet ze daarna af. Gooi de stelen weg en snij de toppen eraf. Giet af en snijd de abalone in plakjes, bewaar het sap. Verhit de olie en bak het zout en de champignons 2 minuten. Voeg de abalone vloeistof en sherry toe, breng aan de kook, dek af en laat 3 minuten sudderen. Voeg de abalone en lente-uitjes toe en laat sudderen tot alles goed warm is. Serveer in één keer.

Abalone met oestersaus

voor 4 personen

400 g / 14 oz ingeblikte abalone

15 ml / 1 eetlepel maizena (maizena)

15 ml / 1 eetlepel sojasaus

45 ml / 3 eetlepels oestersaus

30 ml / 2 eetlepels arachideolie

50 g / 2 oz gerookte ham, gehakt

Giet het blikje abalone af en bewaar 90 ml / 6 eetlepels van het vocht. Meng dit met de maizena, sojasaus en oestersaus. Verhit de olie en bak de uitgelekte abalone 1 minuut. Voeg het sausmengsel toe en laat, al roerend, ongeveer 1 minuut sudderen tot het geheel is opgewarmd. Breng over naar een hete serveerschaal en serveer gegarneerd met ham.

gestoomde mosselen

voor 4 personen

24 kokkels

Wrijf de kokkels goed in en laat ze een paar uur weken in gezouten water. Spoel af onder stromend water en leg in een ondiepe ovenvaste schaal. Plaats op een rooster in een stoompan, dek af en stoom ongeveer 10 minuten boven kokend water tot alle kokkels zijn geopend. Gooi degenen die gesloten blijven weg. Serveer met sauzen.

Mosselen met taugé

voor 4 personen

24 kokkels

15 ml / 1 eetlepel arachideolie

150g / 5oz taugé

1 groene paprika in reepjes gesneden

2 lente-uitjes (lente-uitjes), fijngehakt

15 ml / 1 eetlepel rijstwijn of droge sherry

zout en versgemalen peper

2,5 ml / ¬Ω theelepel sesamolie

50 g / 2 oz gerookte ham, gehakt

Wrijf de kokkels goed in en laat ze een paar uur weken in gezouten water. Spoel onder stromend water. Breng een pan met water aan de kook, voeg de kokkels toe en laat een paar minuten sudderen tot ze opengaan. Giet ze af en gooi ze weg die gesloten blijven. Haal de mosselen uit de schelp.

Verhit de olie en bak de taugé 1 minuut. Voeg de paprika en lente-ui toe en bak 2 minuten mee. Voeg de wijn of sherry toe en breng op smaak met peper en zout. Verhit dan de venusschelpen en roer tot alles goed gemengd en verwarmd is. Breng over naar een hete serveerschaal en serveer besprenkeld met sesamolie en ham.

Mosselen met Gember en Knoflook

voor 4 personen

24 kokkels

15 ml / 1 eetlepel arachideolie

2 plakjes gemberwortel, fijngesneden

2 teentjes knoflook, gehakt

15 ml / 1 eetlepel water

5 ml / 1 theelepel sesamolie

zout en versgemalen peper

Wrijf de kokkels goed in en laat ze een paar uur weken in gezouten water. Spoel onder stromend water. Verhit de olie en fruit de gember en knoflook 30 seconden. Voeg de kokkels, het water en de sesamolie toe, dek af en kook ongeveer 5 minuten tot de kokkels opengaan. Gooi degenen die gesloten blijven weg. Kruid licht met peper en zout en serveer direct.

Gebakken mosselen

voor 4 personen

24 kokkels

60 ml / 4 eetlepels arachideolie

4 teentjes knoflook, fijngehakt

1 gesnipperde ui

2,5 ml / ¬Ω theelepel zout

Wrijf de kokkels goed in en laat ze een paar uur weken in gezouten water. Afspoelen onder stromend water en daarna drogen. Verhit de olie en fruit de knoflook, ui en zout tot ze zacht zijn. Voeg de mosselen toe, dek af en laat ongeveer 5 minuten sudderen tot alle schelpen open zijn. Gooi degenen die gesloten blijven weg. Bak nog 1 minuut zachtjes, besprenkeld met olie.

krabkoekjes

voor 4 personen

225 g taugé

60 ml / 4 eetlepels arachideolie 100 g / 4 oz bamboescheuten, in
reepjes gesneden

1 gesnipperde ui

225 g / 8 oz krabvlees, in vlokken

4 eieren, licht geklopt

15 ml / 1 eetlepel maizena (maizena)

30 ml / 2 eetlepels sojasaus

zout en versgemalen peper

Blancheer de taugé 4 minuten in kokend water en giet af. Verhit de helft van de olie en bak de taugé, bamboescheuten en ui tot ze zacht zijn. Haal van het vuur en meng met de rest van de ingrediënten, behalve de olie. Verhit de resterende olie in een schone koekenpan en bak eetlepels van het krabvleesmengsel om kleine cakejes te maken. Bak ze aan beide kanten lichtbruin en serveer ze meteen.

krab vla

voor 4 personen

225 g / 8 oz krabvlees

5 losgeklopte eieren

1 lente-ui (sjalotjes) fijngesnipperd

250 ml / 8 fl oz / 1 kopje water

5 ml / 1 theelepel zout

5 ml / 1 theelepel sesamolie

Meng alle ingrediënten goed. Doe in een kom, dek af en plaats au bain-marie boven heet water of op een stoomrekje. Stoom ongeveer 35 minuten tot een custard-consistentie, af en toe roeren. Serveer met rijst.

Chinees lommerrijk krabvlees

voor 4 personen

450 g / 1 lb chinese bladeren, geraspt

45 ml / 3 eetlepels plantaardige olie

2 lente-uitjes (lente-uitjes), fijngehakt

225 g / 8 oz krabvlees

15 ml / 1 eetlepel sojasaus

15 ml / 1 eetlepel rijstwijn of droge sherry

5 ml / 1 theelepel zout

Blancheer de Chinese bladeren 2 minuten in kokend water, laat ze goed uitlekken en spoel ze af met koud water. Verhit de olie en bak de lente-uitjes lichtbruin. Voeg het krabvlees toe en bak 2 minuten mee. Voeg de Chinese bladeren toe en bak 4 minuten mee. Voeg sojasaus, wijn of sherry en zout toe en meng goed. Voeg bouillon en maïsmeel toe, breng aan de kook en laat al roerend 2 minuten sudderen tot de saus helder en dikker wordt.

Foo Yung-krab met taugé

voor 4 personen

6 losgeklopte eieren

45 ml / 3 eetlepels maizena (maizena)

225 g / 8 oz krabvlees

100 g taugé

2 lente-uitjes (lente-uitjes), fijngesnipperd

2,5 ml / ¬Ω theelepel zout

45 ml / 3 eetlepels arachideolie (pinda)

Klop de eieren los en voeg dan de maizena toe. Meng de overige ingrediënten behalve de olie. Verhit de olie en giet het mengsel beetje bij beetje in de pan om kleine pannenkoekjes van ongeveer 7,5 cm breed te maken. Bak tot de onderkant bruin is, draai dan om en bak de andere kant bruin.

Krab met Gember

voor 4 personen

15 ml / 1 eetlepel arachideolie

2 plakjes gemberwortel, fijngesneden

4 lente-uitjes (lente-uitjes), fijngehakt

3 teentjes knoflook, fijngehakt

1 rode chilipeper gesnipperd

350 g / 12 oz krabvlees, in vlokken

2,5 ml / ¬Ω theelepel vispasta

2,5 ml / ¬Ω theelepel sesamolie

15 ml / 1 eetlepel rijstwijn of droge sherry

5 ml / 1 theelepel maizena (maizena)

15 ml / 1 eetlepel water

Verhit de olie en fruit de gember, lente-uitjes, knoflook en chili 2 minuten. Voeg het krabvlees toe en roer tot alles goed bedekt is met de kruiden. Voeg de vispasta toe. Meng de overige ingrediënten tot een pasta, gooi ze dan in de pan en bak ze 1 minuut. Serveer in één keer.

Krab Lo Mein

voor 4 personen

100 g taugé

30 ml / 2 eetlepels arachideolie

5 ml / 1 theelepel zout

1 gesnipperde ui

100 g / 4oz champignons, in plakjes

225 g / 8 oz krabvlees, in vlokken

100g / 4oz bamboescheuten, in plakjes

Geroosterde Noedels

30 ml / 2 eetlepels sojasaus

5 ml / 1 theelepel suiker

5 ml / 1 theelepel sesamolie

zout en versgemalen peper

Blancheer de taugé 5 minuten in kokend water en giet af. Verhit de olie en bak het zout en de ui tot ze zacht zijn. Voeg de champignons toe en bak tot ze zacht zijn. Voeg het krabvlees toe en bak 2 minuten mee. Voeg taugé en bamboescheuten toe en bak 1 minuut mee. Voeg de uitgelekte noedels toe aan de pan en schep voorzichtig om. Meng sojasaus, suiker en sesamolie en breng op smaak met zout en peper. Roer de koekenpan erdoor tot hij is opgewarmd.

Gebakken krab met varkensvlees

voor 4 personen

30 ml / 2 eetlepels arachideolie

100 g gehakt varkensvlees (gemalen)

350 g / 12 oz krabvlees, in vlokken

2 plakjes gemberwortel, fijngesneden

2 eieren, licht geklopt

15 ml / 1 eetlepel sojasaus

15 ml / 1 eetlepel rijstwijn of droge sherry

30 ml / 2 eetlepels water

zout en versgemalen peper

4 lente-uitjes (lente-uitjes), in reepjes gesneden

Verhit de olie en bak het varkensvlees tot het licht van kleur is. Voeg het krabvlees en de gember toe en bak 1 minuut mee. Voeg de eieren toe. Voeg de sojasaus, wijn of sherry, water, zout en peper toe en laat al roerend ongeveer 4 minuten sudderen. Serveer gegarneerd met bieslook.

Gebakken krabvlees

voor 4 personen

30 ml / 2 eetlepels arachideolie

450 g / 1 lb krabvlees, in vlokken

2 lente-uitjes (lente-uitjes), fijngehakt

2 plakjes gemberwortel, fijngesneden

30 ml / 2 eetlepels sojasaus

30 ml / 2 eetlepels rijstwijn of droge sherry

2,5 ml / ¬Ω theelepel zout

15 ml / 1 eetlepel maizena (maizena)

60 ml / 4 eetlepels water

Verhit de olie en bak het krabvlees, de lente-uitjes en de gember 1 minuut. Voeg de sojasaus, wijn of sherry en zout toe, dek af en laat 3 minuten sudderen. Meng de maïsmeel en het water tot een pasta, roer in de pan en laat al roerend sudderen tot de saus helder en dik wordt.

voor 4 personen

450 g / 1 pond inktvis

50 g reuzel, geplet

1 eiwit

2,5 ml / ¬Ω theelepel suiker

2,5 ml / ¬Ω theelepel maizena (maïszetmeel)

zout en versgemalen peper

olie om te frituren

Snijd de inktvis en maal hem of maal hem tot pulp. Meng met het reuzel, het eiwit, de suiker en de maizena en breng op smaak met zout en peper. Druk het mengsel in balletjes. Verhit de olie en bak de inktvisballetjes, indien nodig in porties, tot ze aan de oppervlakte van de olie drijven en goudbruin zijn. Laat goed uitlekken en serveer meteen.

kantonese kreeft

voor 4 personen

2 kreeften

30 ml / 2 eetlepels olie

15 ml / 1 eetlepel zwarte bonensaus

1 teen knoflook geplet

1 gesnipperde ui

225 g / 8 oz varkensgehakt (gemalen)

45 ml / 3 eetlepels sojasaus

5 ml / 1 theelepel suiker

zout en versgemalen peper

15 ml / 1 eetlepel maizena (maizena)

75 ml / 5 eetlepels water

1 losgeklopt ei

Breek de kreeften, verwijder het vlees en snijd het in blokjes van 2,5 cm. Verhit de olie en bak de zwartebonensaus, knoflook en ui lichtbruin. Voeg het varkensvlees toe en bak tot het bruin is. Voeg sojasaus, suiker, zout, peper en kreeft toe, dek af en laat ongeveer 10 minuten sudderen. Meng de maïsmeel en het water tot een pasta, roer het in de pan en laat het al roerend sudderen tot de saus helder en dikker wordt. Zet het vuur uit en voeg het ei toe voor het serveren.

gebakken kreeft

voor 4 personen

450 g kreeftenvlees

30 ml / 2 eetlepels sojasaus

5 ml / 1 theelepel suiker

1 losgeklopt ei

30 ml / 3 eetlepels bloem voor alle doeleinden

olie om te frituren

Snijd het kreeftenvlees in blokjes van 2,5 cm/1 en meng met de sojasaus en suiker. Laat 15 minuten staan en giet dan af. Klop het ei en de bloem door elkaar, voeg dan de kreeft toe en meng goed om te coaten. Verhit de olie en bak de kreeft goudbruin. Laat uitlekken op keukenpapier voor het serveren.

Gestoomde kreeft met ham

voor 4 personen

4 eieren, licht geklopt

60 ml / 4 eetlepels water

5 ml / 1 theelepel zout

15 ml / 1 eetlepel sojasaus

450 g kreeftenvlees, in vlokken

15 ml / 1 eetlepel gehakte gerookte ham

15 ml / 1 eetlepel gehakte verse peterselie

Klop de eieren los met het water, zout en sojasaus. Giet in een vuurvaste schaal en bestrooi met kreeftenvlees. Zet de kom op een rooster in een stoompan, dek af en stoom 20 minuten tot de eieren gestold zijn. Serveer gegarneerd met ham en peterselie.

Kreeft met Champignons

voor 4 personen

450 g kreeftenvlees

15 ml / 1 eetlepel maizena (maizena)

60 ml / 4 eetlepels water

30 ml / 2 eetlepels arachideolie

4 lente-uitjes (lente-uitjes), dik gesneden

100 g / 4oz champignons, in plakjes

2,5 ml / ¬Ω theelepel zout

1 teen knoflook geplet

30 ml / 2 eetlepels sojasaus

15 ml / 1 eetlepel rijstwijn of droge sherry

Snijd het kreeftenvlees in blokjes van 2,5 cm. Meng maïsmeel en water tot een pasta en gooi de kreeftblokjes in het mengsel om te coaten. Verhit de helft van de olie en bak de kreeftblokjes licht goudbruin, haal ze uit de pan. Verhit de rest van de olie en bak de lente-uitjes lichtbruin. Voeg de champignons toe en bak 3 minuten mee. Voeg het zout, de knoflook, de sojasaus en de wijn of sherry toe en bak 2 minuten mee. Doe de kreeft terug in de pan en bak tot hij is opgewarmd.

Kreeftstaarten met varkensvlees

voor 4 personen

3 gedroogde Chinese champignons

4 kreeftenstaarten

60 ml / 4 eetlepels arachideolie

100 g gehakt varkensvlees (gemalen)

50 g waterkastanjes, fijngehakt

zout en versgemalen peper

2 teentjes knoflook, gehakt

45 ml / 3 eetlepels sojasaus

30 ml / 2 eetlepels rijstwijn of droge sherry

30 ml / 2 eetlepels zwarte bonensaus

10 ml / 2 eetlepels maizena (maizena)

120 ml / 4 fl oz / ¬Ω kopje water

Week de champignons 30 minuten in warm water en giet ze daarna af. Gooi stengels weg en hak de toppen. Snijd de kreeftenstaarten in de lengte doormidden. Verwijder het vlees van de kreeftenstaarten en bewaar de schelpen. Verhit de helft van de olie en bak het varkensvlees tot het licht van kleur is. Haal van het vuur en meng de champignons, kreeftenvlees, waterkastanjes, zout en peper. Druk het vlees terug in de kreeftenschelpen en leg in een ovenschaal. Plaats op een rooster in een stoompan, dek af en stoom ongeveer 20 minuten tot ze gaar zijn. Verhit ondertussen de resterende olie en fruit de knoflook, sojasaus, wijn of sherry en zwarte bonensaus gedurende 2 minuten. Meng de maïsmeel en water tot je een pasta krijgt, gooi het in de pan en laat het al roerend sudderen tot de saus dikker wordt. Schik de kreeft op een hete serveerschaal, overgiet met de saus en serveer direct.

Gebakken Kreeft

voor 4 personen

450 g kreeftenstaarten

30 ml / 2 eetlepels arachideolie

1 teen knoflook geplet

2,5 ml / ¬Ω theelepel zout

350 g taugé

50g / 2oz champignons

4 lente-uitjes (lente-uitjes), dik gesneden

150 ml / ¬° pt / royale ¬Ω kop kippenbouillon

15 ml / 1 eetlepel maizena (maizena)

Breng een pan water aan de kook, voeg de kreeftenstaarten toe en kook 1 minuut. Giet af, laat afkoelen, verwijder het vel en snij in dikke plakken. Verhit de olie met de knoflook en het zout en bak tot de knoflook licht goudbruin is. Voeg de kreeft toe en bak 1 minuut mee. Voeg de taugé en champignons toe en bak 1 minuut mee. Voeg de bieslook toe. Voeg het grootste deel van de bouillon toe, breng aan de kook, dek af en laat 3 minuten sudderen. Meng de maïsmeel met de resterende bouillon, roer het in de pan en laat het al roerend sudderen tot de saus helder en dikker wordt.

kreeft nesten

voor 4 personen

30 ml / 2 eetlepels arachideolie

5 ml / 1 theelepel zout

1 ui, fijn gesneden

100 g / 4oz champignons, in plakjes

100 g / 4 oz bamboescheuten, gesneden 225 g / 8 oz gekookt

kreeftenvlees

15 ml / 1 eetlepel rijstwijn of droge sherry

120 ml / 4 fl oz / ¬Ω kopje kippenbouillon

snufje versgemalen peper

10 ml / 2 theelepels maizena (maizena)

15 ml / 1 eetlepel water

4 manden noedels

Verhit de olie en bak het zout en de ui tot ze zacht zijn. Voeg de champignons en bamboescheuten toe en bak 2 minuten mee. Voeg het kreeftenvlees, de wijn of sherry en de bouillon toe, breng aan de kook, dek af en laat 2 minuten sudderen. Kruid met peper. Meng de maïsmeel en het water tot een pasta, roer in de pan en laat al roerend sudderen tot de saus dikker wordt. Schik de noedelnesten op een hete serveerschaal en garneer met de roerbak van kreeft.

Mosselen in zwarte bonensaus

voor 4 personen

45 ml / 3 eetlepels arachideolie (pinda)

2 teentjes knoflook, gehakt

2 plakjes gemberwortel, fijngesneden

30 ml / 2 eetlepels zwarte bonensaus

15 ml / 1 eetlepel sojasaus

1,5 kg / 3 lb mosselen, gewassen en bebaard

2 lente-uitjes (lente-uitjes), fijngehakt

Verhit de olie en fruit de knoflook en gember 30 seconden. Voeg de zwarte bonensaus en sojasaus toe en bak 10 seconden. Voeg de mosselen toe, dek af en kook ongeveer 6 minuten tot de mosselen opengaan. Gooi degenen die gesloten blijven weg. Breng over naar een hete serveerschaal en serveer bestrooid met bieslook.

Mosselen met Gember

voor 4 personen

45 ml / 3 eetlepels arachideolie (pinda)

2 teentjes knoflook, gehakt

4 plakjes gemberwortel, fijngesneden

1,5 kg / 3 lb mosselen, gewassen en bebaard

45 ml / 3 eetlepels water

15 ml / 1 eetlepel oestersaus

Verhit de olie en fruit de knoflook en gember 30 seconden. Voeg de mosselen en het water toe, dek af en kook ongeveer 6 minuten tot de mosselen opengaan. Gooi degenen die gesloten blijven weg. Breng over naar een hete serveerschaal en serveer bestrooid met oestersaus.

Gestoomde mosselen

voor 4 personen

1,5 kg / 3 lb mosselen, gewassen en bebaard

45 ml / 3 eetlepels sojasaus

3 lente-uitjes (lente-uitjes), fijngesneden

Plaats de mosselen op een rooster in een stoompan, dek af en stoom ongeveer 10 minuten boven kokend water tot alle mosselen zijn geopend. Gooi degenen die gesloten blijven weg. Breng over naar een hete serveerschaal en serveer bestrooid met sojasaus en lente-uitjes.

gebakken oesters

voor 4 personen

24 gepelde oesters

zout en versgemalen peper

1 losgeklopt ei

50 g / 2 oz / ¬Ω kopje bloem voor alle doeleinden

250 ml / 8 fl oz / 1 kopje water

olie om te frituren

4 lente-uitjes (lente-uitjes), fijngehakt

Bestrooi de oesters met peper en zout. Klop het ei met de bloem en het water tot een deeg en bedek hiermee de oesters. Verhit de olie en bak de oesters goudbruin. Laat uitlekken op keukenpapier en serveer gegarneerd met lente-uitjes.

Oesters met Spek

voor 4 personen

175 g / 6oz spek

24 gepelde oesters

1 ei, licht geklopt

15 ml / 1 eetlepel water

45 ml / 3 eetlepels arachideolie (pinda)

2 gesnipperde uien

15 ml / 1 eetlepel maizena (maizena)

15 ml / 1 eetlepel sojasaus

90 ml / 6 eetlepels kippenbouillon

Snijd het spek in stukjes en wikkel om elke oester een stuk. Klop het ei los met het water en dompel het dan in de oesters om te coaten. Verhit de helft van de olie en bak de oesters aan beide kanten lichtbruin, haal ze uit de pan en giet het vet af. Verhit de rest van de olie en fruit de uien tot ze zacht zijn. Meng de maïsmeel, sojasaus en bouillon tot een pasta, giet in de pan en laat al roerend sudderen tot de saus helder en dikker wordt. Giet over de oesters en serveer meteen.

Gebakken Oesters Met Gember

voor 4 personen

24 gepelde oesters

2 plakjes gemberwortel, fijngesneden

30 ml / 2 eetlepels sojasaus

15 ml / 1 eetlepel rijstwijn of droge sherry

4 lente-uitjes (lente-uitjes), in reepjes gesneden

100 gram spek

1 ei

50 g / 2 oz / ¬Ω kopje bloem voor alle doeleinden

zout en versgemalen peper

olie om te frituren

1 citroen in partjes gesneden

Doe de oesters in een kom met de gember, sojasaus en wijn of sherry en schep ze goed door elkaar. Laat 30 minuten staan. Leg op elke oester een paar reepjes lente-ui. Snijd het spek in stukjes en wikkel om elke oester een stuk. Klop het ei en de bloem tot een deeg en breng op smaak met zout en peper. Doop de oesters in het beslag tot ze goed bedekt zijn. Verhit de olie en bak de oesters goudbruin. Serveer gegarneerd met partjes citroen.

Oesters met Zwarte Bonensaus

voor 4 personen

350 g gepelde oesters

120 ml / 4 fl oz / ¬Ω kopje arachideolie (pinda)

2 teentjes knoflook, gehakt

3 lente-uitjes (lente-uitjes), gesneden

15 ml / 1 eetlepel zwarte bonensaus

30 ml / 2 eetlepels donkere sojasaus

15 ml / 1 eetlepel sesamolie

snufje chilipoeder

Blancheer de oesters 30 seconden in kokend water en giet ze daarna af. Verhit de olie en fruit de knoflook en lente-uitjes 30 seconden. Voeg zwarte bonensaus, sojasaus, sesamolie en oesters toe en breng op smaak met chilipoeder. Bak tot zeer heet en serveer onmiddellijk.

Sint-jakobsschelpen met bamboescheuten

voor 4 personen

60 ml / 4 eetlepels arachideolie

6 lente-uitjes (lente-uitjes), fijngehakt

225 g / 8 oz champignons, in vieren

15 ml / 1 eetlepel suiker

450 g / 1 pond gepelde sint-jakobsschelpen

2 plakjes gemberwortel, fijngesneden

225 g / 8 oz bamboescheuten, in plakjes

zout en versgemalen peper

300 ml / ¬Ω pt / 1 ¬° kopjes water

30 ml / 2 eetlepels wijnazijn

30 ml / 2 eetlepels maizena (maizena)

150 ml / ¬° pt / royale ¬Ω kopje water

45 ml / 3 eetlepels sojasaus

Verhit de olie en fruit de lente-uitjes en champignons 2 minuten.
Voeg de suiker, sint-jakobsschelpen, gember, bamboescheuten,
zout en peper toe, dek af en kook 5 minuten. Voeg het water en
de wijnazijn toe, breng aan de kook, dek af en laat 5 minuten
sudderen. Meng de maïsmeel en het water tot een pasta, roer in
de pan en laat al roerend sudderen tot de saus dikker wordt.
Breng op smaak met sojasaus en serveer.

94

Sint-jakobsschelpen met ei

voor 4 personen

45 ml / 3 eetlepels arachideolie (pinda)

350 g gepelde sint-jakobsschelpen

25 g / 1 oz gerookte ham, gehakt

30 ml / 2 eetlepels rijstwijn of droge sherry

5 ml / 1 theelepel suiker

2,5 ml / ¬Ω theelepel zout

snufje versgemalen peper

2 eieren, licht geklopt

15 ml / 1 eetlepel sojasaus

Verhit de olie en bak de coquilles 30 seconden. Voeg de ham toe en bak 1 minuut mee. Voeg de wijn of sherry, suiker, zout en peper toe en bak 1 minuut mee. Voeg de eieren toe en roer voorzichtig op hoog vuur tot de ingrediënten goed bedekt zijn met ei. Serveer bestrooid met sojasaus.

voor 4 personen

350 g sint-jakobsschelpen, in plakjes

3 plakjes gemberwortel, fijngehakt

¬Ω kleine wortel, in schijfjes

1 teen knoflook geplet

45 ml / 3 eetlepels gewone bloem (voor alle doeleinden)

2,5 ml / ¬Ω theelepel baking soda (baking soda)

30 ml / 2 eetlepels arachideolie

15 ml / 1 eetlepel water

1 gesneden banaan

olie om te frituren

275g / 10oz broccoli

Zout

5 ml / 1 theelepel sesamolie

2,5 ml / ¬Ω theelepel chilisaus

2,5 ml / ¬Ω theelepel wijnazijn

2,5 ml / ¬Ω theelepel tomatenpuree (pasta)

Meng de sint-jakobsschelpen met de gember, wortel en knoflook en laat staan. Meng de bloem, bakpoeder, 15 ml/1 el olie en water tot een pasta en gebruik deze om de plakjes banaan te coaten. Verhit de olie en bak de bakbanaan goudbruin, giet af en schik op een hete serveerschaal. Kook intussen de broccoli in kokend water met zout beetgaar en giet af. Verhit de rest van de olie met de sesamolie en bak de broccoli kort aan en leg deze dan om het bord met de bakbananen. Voeg de chilisaus, wijnazijn en tomatenpuree toe aan de pan en bak de sint-jakobsschelpen gaar. Schep in een serveerschaal en serveer direct.

Sint-jakobsschelpen met gember

voor 4 personen

45 ml / 3 eetlepels arachideolie (pinda)

2,5 ml / ¬Ω theelepel zout

3 plakjes gemberwortel, fijngehakt

2 lente-uitjes (lente-uitjes), dik gesneden

450 g gepelde sint-jakobsschelpen, gehalveerd

15 ml / 1 eetlepel maizena (maizena)

60 ml / 4 eetlepels water

Verhit de olie en bak het zout en de gember 30 seconden. Voeg de bieslook toe en bak deze lichtbruin. Voeg de coquilles toe en bak 3 minuten mee. Meng de maïsmeel en het water tot een pasta, voeg toe aan de pan en kook op laag vuur, al roerend, tot het ingedikt is. Serveer in één keer.

Sint-jakobsschelpen met Ham

voor 4 personen

450 g gepelde sint-jakobsschelpen, gehalveerd

250 ml / 8 fl oz / 1 kop rijstwijn of droge sherry

1 ui fijngesnipperd

2 plakjes gemberwortel, fijngesneden

2,5 ml / ¬Ω theelepel zout

100 g / 4 oz gerookte ham, gehakt

Doe de sint-jakobsschelpen in een kom en voeg de wijn of sherry toe. Dek af en marineer gedurende 30 minuten, draai af en toe, giet de sint-jakobsschelpen af en gooi de marinade weg. Leg de coquilles in een ovenschaal met de rest van de ingrediënten. Zet de schaal op een rooster in een stoompan, dek af en stoom ongeveer 6 minuten boven kokend water tot de sint-jakobsschelpen zacht zijn.

Roerei met coquilles en kruiden

voor 4 personen

225 g gepelde sint-jakobsschelpen

30 ml / 2 eetlepels gehakte verse koriander

4 losgeklopte eieren

15 ml / 1 eetlepel rijstwijn of droge sherry

zout en versgemalen peper

15 ml / 1 eetlepel arachideolie

Leg de sint-jakobsschelpen in een stoompan en stoom ze ongeveer 3 minuten tot ze gaar zijn, afhankelijk van de grootte. Haal uit de stoompan en bestrooi met koriander. Klop de eieren los met de wijn of sherry en breng op smaak met peper en zout. Voeg de sint-jakobsschelpen en koriander toe. Verhit de olie en bak het mengsel van eieren en sint-jakobsschelpen, onder voortdurend roeren, tot de eieren gestold zijn. Serveer onmiddellijk.

Gebakken coquille en ui

voor 4 personen

45 ml / 3 eetlepels arachideolie (pinda)

1 gesnipperde ui

450 g gepelde sint-jakobsschelpen, in vieren

zout en versgemalen peper

15 ml / 1 eetlepel rijstwijn of droge sherry

Verhit de olie en fruit de ui tot hij zacht is. Voeg de sint-jakobsschelpen toe en bak ze lichtbruin. Kruid met peper en zout, besprenkel met wijn of sherry en serveer direct.

Sint-jakobsschelpen met Groenten

voor 4'6

4 gedroogde Chinese champignons

2 uien

30 ml / 2 eetlepels arachideolie

3 stengels bleekselderij, schuin gesneden

225 g sperziebonen, diagonaal gesneden

10 ml / 2 theelepels geraspte gemberwortel

1 teen knoflook geplet

20 ml / 4 theelepels maizena (maizena)

250 ml / 8 fl oz / 1 kop kippenbouillon

30 ml / 2 eetlepels rijstwijn of droge sherry

30 ml / 2 eetlepels sojasaus

450 g gepelde sint-jakobsschelpen, in vieren

6 lente-uitjes (lente-uitjes), in schijfjes

425 g / 15 oz maïskolven uit blik

Week de champignons 30 minuten in warm water en giet ze daarna af. Gooi de stelen weg en snij de toppen eraf. Snijd de uien in partjes en scheid de lagen. Verhit de olie en fruit de uien, bleekselderij, bonen, gember en knoflook 3 minuten. Meng de maizena met een beetje bouillon en meng met de resterende bouillon, wijn of sherry en sojasaus. Voeg toe aan de wok en breng al roerend aan de kook. Voeg de champignons, sint-jakobsschelpen, lente-uitjes en maïs toe en bak ongeveer 5 minuten tot de sint-jakobsschelpen zacht zijn.

Sint-jakobsschelpen met paprika

voor 4 personen

30 ml / 2 eetlepels arachideolie

3 lente-uitjes (lente-uitjes), fijngehakt

1 teen knoflook geplet

2 plakjes gemberwortel, fijngesneden

2 rode paprika's in blokjes gesneden

450 g / 1 pond gepelde sint-jakobsschelpen

30 ml / 2 eetlepels rijstwijn of droge sherry

15 ml / 1 eetlepel sojasaus

15 ml / 1 eetlepel gele bonensaus

5 ml / 1 theelepel suiker

5 ml / 1 theelepel sesamolie

Verhit de olie en fruit de lente-uitjes, knoflook en gember 30 seconden. Voeg de paprika toe en bak 1 minuut mee. Voeg de sint-jakobsschelpen toe en bak 30 seconden, voeg dan de overige ingrediënten toe en kook ongeveer 3 minuten tot de sint-jakobsschelpen zacht zijn.

Inktvis met taugé

voor 4 personen

450 g / 1 pond inktvis

30 ml / 2 eetlepels arachideolie

15 ml / 1 eetlepel rijstwijn of droge sherry

100 g taugé

15 ml / 1 eetlepel sojasaus

Zout

1 rode peper, geraspt

2 plakjes gemberwortel, geraspt

2 lente-uitjes (lente-uitjes), geraspt

Verwijder de kop, ingewanden en het vlies van de inktvis en snijd hem in grote stukken. Knip een kruiselings patroon op elk stuk. Breng een pan water aan de kook, voeg de inktvis toe en kook op laag vuur tot de stukjes zijn opgerold, verwijder en giet af. Verhit de helft van de olie en bak de inktvis snel aan. Besprenkel met wijn of sherry. Verhit ondertussen de resterende olie en bak de taugé tot ze zacht zijn. Breng op smaak met sojasaus en zout. Schik de chilipeper, gember en lente-uitjes rond een serveerschaal. Stapel de taugé in het midden en bedek met de inktvis. Serveer in één keer.

gefrituurde inktvis

voor 4 personen

50 g bloem voor alle doeleinden

25 g / 1 oz / ¬° kopje maizena (maïszetmeel)

2,5 ml / ¬Ω theelepel bakpoeder

2,5 ml / ¬Ω theelepel zout

1 ei

75 ml / 5 eetlepels water

15 ml / 1 eetlepel arachideolie

450 g inktvis, in ringen gesneden

olie om te frituren

Meng de bloem, maizena, bakpoeder, zout, ei, water en olie tot een deeg. Doop de inktvis in het beslag tot hij goed bedekt is. Verhit de olie en bak de inktvis met een paar stukjes tegelijk goudbruin. Laat uitlekken op keukenpapier voor het serveren.

inktvis pakketten

voor 4 personen

8 gedroogde Chinese champignons

450 g / 1 pond inktvis

100 g / 4 oz gerookte ham

100g / 4oz tofu

1 losgeklopt ei

15 ml / 1 eetlepel bloem voor alle doeleinden

2,5 ml / ¬Ω theelepel suiker

2,5 ml / ¬Ω theelepel sesamolie

zout en versgemalen peper

8 wontonvellen

olie om te frituren

Week de champignons 30 minuten in warm water en giet ze daarna af. Gooi de stengels weg. Schil de inktvissen en snijd ze in 8 stukken. Snijd de ham en tofu in 8 stukken. Doe ze allemaal in een kom. Meng het ei met de bloem, suiker, sesamolie, zout en peper. Giet de ingrediënten in de kom en meng voorzichtig. Plaats een hoedje champignons en een stuk inktvis, ham en tofu net onder het midden van elke wontonvel. Vouw de onderste hoek naar binnen, vouw de zijkanten naar binnen, rol dan op en bevochtig de randen met water om te verzegelen. Verhit de olie en bak de klontjes in circa 8 minuten goudbruin. Laat goed uitlekken voor het serveren.

gefrituurde inktvisrolletjes

voor 4 personen

45 ml / 3 eetlepels arachideolie (pinda)

109

225 g / 8 oz inktvisringen

1 grote groene paprika, in blokjes gesneden

100g / 4oz bamboescheuten, in plakjes

2 lente-uitjes (lente-uitjes), fijngesnipperd

1 plakje gemberwortel, fijngehakt

45 ml / 2 eetlepels sojasaus

30 ml / 2 eetlepels rijstwijn of droge sherry

15 ml / 1 eetlepel maizena (maizena)

15 ml / 1 eetlepel visbouillon of water

5 ml / 1 theelepel suiker

5 ml / 1 theelepel wijnazijn

5 ml / 1 theelepel sesamolie

zout en versgemalen peper

Verhit 15 ml / 1 eetlepel olie en bak de inktvis snel tot hij goed gesloten is. Verhit intussen de rest van de olie in een aparte pan en fruit de paprika, bamboescheuten, lente-uitjes en gember 2 minuten. Voeg de inktvis toe en bak 1 minuut mee. Voeg de sojasaus, wijn of sherry, maïsmeel, bouillon, suiker, wijnazijn en sesamolie toe en breng op smaak met zout en peper. Sauteer tot de saus helder en dikker wordt.

Gebakken calamares

voor 4 personen

45 ml / 3 eetlepels arachideolie (pinda)

3 lente-uitjes (lente-uitjes), dik gesneden

2 plakjes gemberwortel, fijngesneden

450 g inktvis, in blokjes gesneden

15 ml / 1 eetlepel sojasaus

15 ml / 1 eetlepel rijstwijn of droge sherry

5 ml / 1 theelepel maizena (maizena)

15 ml / 1 eetlepel water

Verhit de olie en fruit de lente-uitjes en gember tot ze zacht zijn.
Voeg de inktvis toe en bak tot ze bedekt zijn met olie. Voeg
sojasaus en wijn of sherry toe, dek af en laat 2 minuten sudderen.
Meng de maïsmeel en het water tot een pasta, voeg toe aan de
pan en kook op laag vuur, al roerend, tot de saus dikker wordt en
de inktvis zacht is.

voor 4 personen

50 g / 2 oz gedroogde Chinese champignons

450 g / 1 pond inktvisringen

45 ml / 3 eetlepels arachideolie (pinda)

45 ml / 3 eetlepels sojasaus

2 lente-uitjes (lente-uitjes), fijngesnipperd

1 schijfje gemberwortel, fijngehakt

225 g bamboescheuten, in reepjes gesneden

30 ml / 2 eetlepels maizena (maizena)

150 ml / ¬° pt / royale ¬Ω kop visbouillon

Week de champignons 30 minuten in warm water en giet ze daarna af. Gooi de stelen weg en snij de toppen eraf. Blancheer de inktvis enkele seconden in kokend water. Verhit de olie, voeg de champignons, sojasaus, lente-uitjes en gember toe en bak 2 minuten. Voeg de inktvis en bamboescheuten toe en bak 2 minuten mee. Meng de maïsmeel en bouillon en roer dit door de pan. Laat sudderen op laag vuur, al roerend, tot de saus helder en dikker wordt.

Inktvis Met Groenten

voor 4 personen

45 ml / 3 eetlepels arachideolie (pinda)

1 gesnipperde ui

5 ml / 1 theelepel zout

450 g inktvis, in blokjes gesneden

100g / 4oz bamboescheuten, in plakjes

2 stengels bleekselderij, diagonaal gesneden

60 ml / 4 eetlepels kippenbouillon

5 ml / 1 theelepel suiker

100 g sugar snaps

5 ml / 1 theelepel maizena (maizena)

15 ml / 1 eetlepel water

Verhit de olie en fruit de ui en het zout lichtbruin. Voeg de inktvis toe en bak tot ze ondergedompeld zijn in olie. Voeg de bamboescheuten en bleekselderij toe en bak 3 minuten mee. Voeg bouillon en suiker toe, breng aan de kook, dek af en laat 3 minuten sudderen tot de groenten gaar zijn. Voeg de peul toe. Meng de maïsmeel en het water tot een pasta, roer in de pan en laat al roerend sudderen tot de saus dikker wordt.

Gestoofd rundvlees met anijs

voor 4 personen

30 ml / 2 eetlepels arachideolie

450 g haasbiefstuk

1 teen knoflook geplet

45 ml / 3 eetlepels sojasaus

15 ml / 1 eetlepel water

15 ml / 1 eetlepel rijstwijn of droge sherry

5 ml / 1 theelepel zout

5 ml / 1 theelepel suiker

2 teentjes steranijs

Verhit de olie en bak het vlees aan alle kanten bruin. Voeg de overige ingrediënten toe, breng aan de kook, dek af en laat ongeveer 45 minuten sudderen, draai het vlees dan om en voeg wat meer water en sojasaus toe als het vlees droog wordt. Laat nog 45 minuten sudderen tot het vlees zacht is. Gooi steranijs weg voor het serveren.

Kalfsvlees Met Asperges

voor 4 personen

450 g ossenhaasbiefstuk, in blokjes

30 ml / 2 eetlepels sojasaus

30 ml / 2 eetlepels rijstwijn of droge sherry

45 ml / 3 eetlepels maizena (maizena)

45 ml / 3 eetlepels arachideolie (pinda)

5 ml / 1 theelepel zout

1 teen knoflook geplet

350 g / 12 oz aspergesperen

120 ml / 4 fl oz / ¬Ω kopje kippenbouillon

15 ml / 1 eetlepel sojasaus

Doe de biefstuk in een kom. Meng de sojasaus, wijn of sherry en 30 ml / 2 eetlepels maïsmeel, giet over de filet en roer goed. Laat 30 minuten marineren. Verhit de olie met het zout en de knoflook en bak tot de knoflook licht goudbruin is. Voeg het vlees en de marinade toe en bak 4 minuten. Voeg de asperges toe en bak ze 2 minuten zachtjes mee. Voeg bouillon en sojasaus toe, breng aan de kook en laat 3 minuten sudderen tot het vlees gaar is. Meng de resterende maizena met nog wat water of bouillon en roer dit door de saus. Laat op laag vuur, al roerend, een paar minuten sudderen tot de saus helder en dikker wordt.

Rundvlees met bamboescheuten

voor 4 personen

45 ml / 3 eetlepels arachideolie (pinda)

1 teen knoflook geplet

1 lente-ui (lente-ui), gesnipperd

1 schijfje gemberwortel, fijngehakt

225 g mager rundvlees, in reepjes gesneden

100g / 4oz bamboescheuten

45 ml / 3 eetlepels sojasaus

15 ml / 1 eetlepel rijstwijn of droge sherry

5 ml / 1 theelepel maizena (maizena)

Verhit de olie en fruit de knoflook, lente-ui en gember tot ze lichtbruin zijn. Voeg het vlees toe en bak 4 minuten tot het lichtbruin is. Voeg de bamboescheuten toe en bak 3 minuten mee. Voeg de sojasaus, wijn of sherry en maizena toe en bak 4 minuten mee.

Rundvlees met bamboescheuten en champignons

voor 4 personen

225 g / 8 oz mager rundvlees

45 ml / 3 eetlepels arachideolie (pinda)

1 schijfje gemberwortel, fijngehakt

100g / 4oz bamboescheuten, in plakjes

100 g / 4oz champignons, in plakjes

45 ml / 3 eetlepels rijstwijn of droge sherry

5 ml / 1 theelepel suiker

10 ml / 2 theelepels sojasaus

zout en peper

120 ml / 4 fl oz / ¬Ω kopje runderbouillon

15 ml / 1 eetlepel maizena (maizena)

30 ml / 2 eetlepels water

Snijd het vlees in dunne plakjes tegen de draad in. Verhit de olie en bak de gember een paar seconden. Voeg het vlees toe en bak tot het bruin is. Voeg de bamboescheuten en champignons toe en bak 1 minuut mee. Voeg de wijn of sherry, suiker en sojasaus toe en breng op smaak met peper en zout. Voeg de bouillon toe, breng aan de kook, dek af en laat 3 minuten sudderen. Combineer maïsmeel en water, roer in de pan en laat sudderen, al roerend, tot de saus dikker wordt.

Chinees gestoofd rundvlees

voor 4 personen

45 ml / 3 eetlepels arachideolie (pinda)

900 g ribeye steak

1 lente-ui (sjalotjes), gesnipperd

1 fijngehakt teentje knoflook

1 schijfje gemberwortel, fijngehakt

60 ml / 4 eetlepels sojasaus

30 ml / 2 eetlepels rijstwijn of droge sherry

5 ml / 1 theelepel suiker

5 ml / 1 theelepel zout

snufje peper

750 ml / 1e deel / 3 kopjes kokend water

Verhit de olie en braad het vlees snel aan alle kanten bruin. Voeg de lente-ui, knoflook, gember, sojasaus, wijn of sherry, suiker, zout en peper toe. Breng al roerend aan de kook. Voeg het kokende water toe, breng al roerend aan de kook, dek af en laat ongeveer 2 uur sudderen tot het vlees zacht is.

Rundvlees met taugé

voor 4 personen

450 g / 1 lb mager rundvlees, in plakjes

1 eiwit

30 ml / 2 eetlepels arachideolie

15 ml / 1 eetlepel maizena (maizena)

15 ml / 1 eetlepel sojasaus

100 g taugé

25 g zuurkool, versnipperd

1 rode peper, geraspt

2 lente-uitjes (lente-uitjes), geraspt

2 plakjes gemberwortel, geraspt

Zout

5 ml / 1 theelepel oestersaus

5 ml / 1 theelepel sesamolie

Meng het vlees met het eiwit, de helft van de olie, de maizena en de sojasaus en laat 30 minuten rusten. Blancheer de taugé ongeveer 8 minuten in kokend water tot ze bijna gaar zijn en giet ze af. Verhit de resterende olie en bak het vlees tot het lichtbruin is en haal het dan uit de pan. Voeg de zuurkool, chilipeper, gember, zout, oestersaus en sesamolie toe en bak 2 minuten mee. Voeg de taugé toe en bak 2 minuten mee. Doe het vlees terug in de pan en bak tot het goed gemengd en verwarmd is. Serveer in één keer.

Rundvlees met broccoli

voor 4 personen

450 g ossenhaasbiefstuk, in dunne plakjes

30 ml / 2 eetlepels maizena (maizena)

15 ml / 1 eetlepel rijstwijn of droge sherry

15 ml / 1 eetlepel sojasaus

30 ml / 2 eetlepels arachideolie

5 ml / 1 theelepel zout

1 teen knoflook geplet

225 g broccoliroosjes

150 ml / ¬° pt / royale ¬Ω kop runderbouillon

Doe de biefstuk in een kom. Meng 15 ml / 1 eetlepel maïsmeel met de wijn of sherry en sojasaus, voeg toe aan het vlees en marineer 30 minuten. Verhit de olie met het zout en de knoflook en bak tot de knoflook licht goudbruin is. Voeg de biefstuk en marinade toe en bak 4 minuten. Voeg de broccoli toe en bak 3 minuten mee. Voeg de bouillon toe, breng aan de kook, dek af en laat 5 minuten sudderen tot de broccoli zacht maar nog knapperig is. Meng de resterende maizena met een beetje water en roer dit door de saus. Laat op laag vuur sudderen tot de saus licht wordt en dikker wordt.

Rundvlees met sesamzaadjes en broccoli

voor 4 personen

150 g mager rundvlees, in dunne plakjes gesneden

2,5 ml / ¬Ω theelepel oestersaus

5 ml / 1 theelepel maizena (maizena)

5 ml / 1 theelepel witte wijnazijn

60 ml / 4 eetlepels arachideolie

100 g broccoliroosjes

5 ml / 1 theelepel vissaus

2,5 ml / ¬Ω theelepel sojasaus

250 ml / 8 fl oz / 1 kop runderbouillon

30 ml / 2 eetlepels sesamzaad

Marineer het vlees met de oestersaus, 2,5 ml / ¬Ω theelepel maïsmeel, 2,5 ml / ¬Ω theelepel wijnazijn en 15 ml / 1 eetlepel olie gedurende 1 uur.

Verhit intussen 15 ml / 1 eetlepel olie, voeg broccoli, 2,5 ml / ¬Ω theelepel vissaus, sojasaus en de resterende wijnazijn toe en bedek met kokend water. Kook op laag vuur in ongeveer 10 minuten gaar.

Verhit 30 ml / 2 eetlepels olie in een aparte pan en bak het vlees kort aan tot het aangebraden is. Voeg de bouillon, het resterende

maïsmeel en de vissaus toe, breng aan de kook, dek af en laat
ongeveer 10 minuten sudderen tot het vlees gaar is. Giet de
broccoli af en leg op een warme serveerschaal. Bedek met vlees
en bestrooi royaal met sesamzaadjes.

Gegrilld vlees

voor 4 personen

450 g / 1 pond magere biefstuk, in plakjes

60 ml / 4 eetlepels sojasaus

2 teentjes knoflook, gehakt

5 ml / 1 theelepel zout

2,5 ml / ¬Ω theelepel versgemalen peper

10 ml / 2 theelepels suiker

Meng alle ingrediënten en laat 3 uur macereren. Grill of rooster (braad) op een hete grill gedurende ongeveer 5 minuten aan elke kant.

kantonees vlees

voor 4 personen

30 ml / 2 eetlepels maizena (maizena)

2 geklopte eiwitten

450 g steak, in reepjes gesneden

olie om te frituren

4 stengels bleekselderij, in plakjes

2 gesneden uien

60 ml / 4 eetlepels water

20 ml / 4 theelepels zout

75 ml / 5 eetlepels sojasaus

60 ml / 4 eetlepels rijstwijn of droge sherry

30 ml / 2 eetlepels suiker

versgemalen peper

Meng de helft van de maizena met de eiwitten. Voeg de biefstuk toe en meng om het vlees met het beslag te bedekken. Verhit de olie en bak de steak goudbruin. Haal uit de pan en laat uitlekken op keukenpapier. Verhit 15 ml / 1 eetlepel olie en fruit de bleekselderij en ui 3 minuten. Voeg het vlees, water, zout, sojasaus, wijn of sherry en suiker toe en breng op smaak met peper. Breng aan de kook en laat al roerend sudderen tot de saus dikker wordt.

Kalfsvlees Met Wortelen

voor 4 personen

30 ml / 2 eetlepels arachideolie

450 g mager rundvlees, in blokjes

2 lente-uitjes (lente-uitjes), gesneden

2 teentjes knoflook, gehakt

1 schijfje gemberwortel, fijngehakt

250 ml / 8 fl oz / 1 kop sojasaus

30 ml / 2 eetlepels rijstwijn of droge sherry

30 ml / 2 eetlepels bruine suiker

5 ml / 1 theelepel zout

600 ml / 1 pt / 2 Ω kopjes water

4 wortelen, diagonaal gesneden

Verhit de olie en bak het vlees lichtbruin. Giet de overtollige olie af en voeg de lente-uitjes, knoflook, gember en anijs toe en bak 2 minuten mee. Voeg sojasaus, wijn of sherry, suiker en zout toe en meng goed. Voeg het water toe, breng aan de kook, dek af en laat 1 uur sudderen. Voeg de wortelen toe, dek af en laat nog 30 minuten sudderen. Verwijder het deksel en laat sudderen tot de saus is ingekookt.

Rundvlees met cashewnoten

voor 4 personen

60 ml / 4 eetlepels arachideolie

450 g ossenhaasbiefstuk, in dunne plakjes

8 lente-uitjes (lente-uitjes), in stukjes gesneden

2 teentjes knoflook, gehakt

1 schijfje gemberwortel, fijngehakt

75 g / 3 oz / ¬œ kopje geroosterde cashewnoten

120 ml / 4 fl oz / ¬Ω kopje water

20 ml / 4 theelepels maizena (maizena)

20 ml / 4 theelepels sojasaus

5 ml / 1 theelepel sesamolie

5 ml / 1 theelepel oestersaus

5 ml / 1 theelepel chilisaus

Verhit de helft van de olie en bak het vlees lichtbruin. Haal uit de pan. Verhit de rest van de olie en fruit de lente-uitjes, knoflook, gember en cashewnoten 1 minuut. Doe het vlees terug in de pan. Combineer de overige ingrediënten en roer het mengsel in de pan. Breng aan de kook en laat al roerend sudderen tot het mengsel dikker wordt.

Slow Cooker Runderbraadpan

voor 4 personen

30 ml / 2 eetlepels arachideolie

450g / 1lb stoofvlees, in blokjes

3 plakjes gemberwortel, fijngehakt

3 gesneden wortelen

1 in blokjes gesneden raap

15 ml/1 el zwarte dadels, stoned

15 ml / 1 eetlepel lotuszaden

30 ml / 2 eetlepels tomatenpuree (pasta)

10 ml / 2 eetlepels zout

900 ml / 1¬Ω pts / 3¬œ kopjes runderbouillon

250 ml / 8 fl oz / 1 kop rijstwijn of droge sherry

Verhit de olie in een grote vuurvaste braadpan of koekenpan en bak het vlees aan alle kanten aangebraden.

voor 4 personen

225 g bloemkoolroosjes

olie om te frituren

225 g rundvlees, in reepjes gesneden

50 g bamboescheuten, in reepjes gesneden

10 waterkastanjes, in reepjes gesneden

120 ml / 4 fl oz / ¬Ω kopje kippenbouillon

15 ml / 1 eetlepel sojasaus

15 ml / 1 eetlepel oestersaus

15 ml / 1 eetlepel tomatenpuree (pasta)

15 ml / 1 eetlepel maizena (maizena)

2,5 ml / ¬Ω theelepel sesamolie

Kook de bloemkool 2 minuten in kokend water en giet af. Verhit de olie en bak de bloemkool lichtbruin. Verwijder en laat uitlekken op keukenpapier. Verhit de olie opnieuw en bak het vlees lichtbruin, verwijder het en giet het af. Giet alles behalve 15 ml/1 eetlepel olie erbij en bak de bamboescheuten en waterkastanjes 2 minuten. Voeg de overige ingrediënten toe, breng aan de kook en laat al roerend sudderen tot de saus dikker wordt. Doe het vlees en de bloemkool terug in de pan en verwarm voorzichtig opnieuw. Serveer in één keer.

Kalfsvlees Met Selderij

voor 4 personen

100 g bleekselderij, in reepjes gesneden

45 ml / 3 eetlepels arachideolie (pinda)

2 lente-uitjes (lente-uitjes), fijngehakt

1 schijfje gemberwortel, fijngehakt

225 g mager rundvlees, in reepjes gesneden

30 ml / 2 eetlepels sojasaus

30 ml / 2 eetlepels rijstwijn of droge sherry

2,5 ml / ¬Ω theelepel suiker

2,5 ml / ¬Ω theelepel zout

Blancheer de bleekselderij 1 minuut in kokend water en laat ze goed uitlekken. Verhit de olie en fruit de lente-uitjes en gember tot ze lichtbruin zijn. Voeg het vlees toe en bak 4 minuten. Voeg de bleekselderij toe en bak 2 minuten mee. Voeg de sojasaus, wijn of sherry, suiker en zout toe en bak 3 minuten mee.

Gebakken biefstukreepjes met bleekselderij

voor 4 personen

30 ml / 2 eetlepels arachideolie

450 g / 1 lb mager rundvlees, in plakjes

3 stengels bleekselderij, geraspt

1 ui, geraspt

1 lente-ui (sjalotjes), gesnipperd

1 schijfje gemberwortel, fijngehakt

30 ml / 2 eetlepels sojasaus

15 ml / 1 eetlepel rijstwijn of droge sherry

2,5 ml / ¬Ω theelepel suiker

2,5 ml / ¬Ω theelepel zout

10 ml / 2 theelepels maizena (maizena)

30 ml / 2 eetlepels water

Verhit de helft van de olie tot zeer heet en bak het vlees 1 minuut tot het bruin is. Haal uit de pan. Verhit de rest van de olie en fruit de bleekselderij, ui, lente-ui en gember tot ze iets zachter zijn.

Doe het vlees terug in de pan met sojasaus, wijn of sherry, suiker en zout, breng aan de kook en sauteer het geheel door.

Combineer maïsmeel en water, roer in de pan en laat sudderen tot de saus dikker wordt. Serveer in één keer.

Rundergehakt met Kip en Selderij

voor 4 personen

4 gedroogde Chinese champignons

45 ml / 3 eetlepels arachideolie (pinda)

2 teentjes knoflook, gehakt

1 gesneden gemberwortel, fijngehakt

5 ml / 1 theelepel zout

100 g mager rundvlees, in reepjes gesneden

100 g / 4 oz kip, in reepjes gesneden

2 wortelen, in reepjes gesneden

2 stengels bleekselderij, in reepjes gesneden

4 lente-uitjes (lente-uitjes), in reepjes gesneden

5 ml / 1 theelepel suiker

5 ml / 1 theelepel sojasaus

5 ml / 1 theelepel rijstwijn of droge sherry

45 ml / 3 eetlepels water

5 ml / 1 theelepel maizena (maizena)

Week de champignons 30 minuten in warm water en giet ze daarna af. Gooi stengels weg en hak de toppen. Verhit de olie en bak de knoflook, gember en zout lichtbruin. Voeg rundvlees en kip toe en bak tot ze net bruin beginnen te worden. Voeg de bleekselderij, lente-uitjes, suiker, sojasaus, wijn of sherry en water toe en breng aan de kook. Dek af en laat ongeveer 15 minuten sudderen tot het vlees zacht is. Meng de maizena met een beetje water, meng dit met de saus en laat al roerend sudderen tot de saus dikker wordt.

Rundvlees met Chili

voor 4 personen

450 g ossenhaasbiefstuk, in reepjes gesneden

45 ml / 3 eetlepels sojasaus

15 ml / 1 eetlepel rijstwijn of droge sherry

15 ml / 1 eetlepel bruine suiker

15 ml / 1 eetlepel fijngehakte gemberwortel

30 ml / 2 eetlepels arachideolie

50 g bamboescheuten, in staafjes gesneden

1 ui in reepjes gesneden

1 stengel bleekselderij, in luciferreepjes gesneden

2 rode pepers, zonder zaadjes en in reepjes gesneden

120 ml / 4 fl oz / ¬Ω kopje kippenbouillon

15 ml / 1 eetlepel maizena (maizena)

Doe de biefstuk in een kom. Meng de sojasaus, wijn of sherry, suiker en gember en roer dit door de steak. Laat 1 uur marineren. Haal de biefstuk uit de marinade. Verhit de helft van de olie en fruit de bamboescheuten, ui, bleekselderij en peper 3 minuten en haal ze uit de pan. Verhit de rest van de olie en bak de steak 3 minuten. Voeg de marinade toe, breng aan de kook en voeg de gebakken groenten toe. Kook op laag vuur, al roerend, gedurende 2 minuten. Meng de bouillon en het maïsmeel en voeg dit toe aan de pan. Breng aan de kook en laat al roerend sudderen tot de saus helder en dikker wordt.

Rundvlees met Chinese Kool

voor 4 personen

225 g / 8 oz mager rundvlees

30 ml / 2 eetlepels arachideolie

350 g / 12 oz paksoi, geraspt

120 ml / 4 fl oz / ¬Ω kopje runderbouillon

zout en versgemalen peper

10 ml / 2 theelepels maizena (maizena)

30 ml / 2 eetlepels water

Snijd het vlees in dunne plakjes tegen de draad in. Verhit de olie en bak het vlees tot het bruin is. Voeg de paksoi toe en bak tot ze iets zachter zijn. Voeg de bouillon toe, breng aan de kook en breng op smaak met peper en zout. Dek af en laat 4 minuten sudderen tot het vlees zacht is. Combineer maïsmeel en water, roer in de pan en laat sudderen, al roerend, tot de saus dikker wordt.

Rundvlees Chop Suey

voor 4 personen

3 stengels bleekselderij, in plakjes

100 g taugé

100 g broccoliroosjes

60 ml / 4 eetlepels arachideolie

3 lente-uitjes (lente-uitjes), fijngehakt

2 teentjes knoflook, gehakt

1 schijfje gemberwortel, fijngehakt

225 g mager rundvlees, in reepjes gesneden

45 ml / 3 eetlepels sojasaus

15 ml / 1 eetlepel rijstwijn of droge sherry

5 ml / 1 theelepel zout

2,5 ml / ¬Ω theelepel suiker

versgemalen peper

15 ml / 1 eetlepel maizena (maizena)

Blancheer de bleekselderij, taugé en broccoli 2 minuten in kokend water, giet af en dep ze droog. Verhit 45 ml/3 eetlepels olie en fruit de lente-uitjes, knoflook en gember tot ze lichtbruin zijn. Voeg het vlees toe en bak 4 minuten mee. Haal uit de pan. Verhit de rest van de olie en bak de groenten 3 minuten. Voeg het vlees, sojasaus, wijn of sherry, zout, suiker en een snufje peper toe en bak 2 minuten mee. Meng het maïsmeel met een beetje water, roer het in de pan en laat het al roerend sudderen tot de saus helder en indikt.

voor 4 personen

450 g ossenhaasbiefstuk, in dunne plakjes

45 ml / 3 eetlepels sojasaus

30 ml / 2 eetlepels maizena (maizena)

60 ml / 4 eetlepels arachideolie

2 komkommers, geschild, zonder zaadjes en in plakjes

60 ml / 4 eetlepels kippenbouillon

30 ml / 2 eetlepels rijstwijn of droge sherry

zout en versgemalen peper

Doe de biefstuk in een kom. Meng sojasaus en maïsmeel en voeg toe aan steak. Laat 30 minuten marineren. Verhit de helft van de olie en bak de komkommers 3 minuten tot ze ondoorzichtig zijn en haal ze dan uit de pan. Verhit de rest van de olie en bak de steak bruin. Voeg de komkommer toe en bak 2 minuten mee. Voeg de bouillon, wijn of sherry toe en breng op smaak met peper en zout. Breng aan de kook, dek af en laat 3 minuten sudderen.

Rundvlees Chow Mein

voor 4 personen

750 g / 1 ¬Ω lb Ossenhaas

2 uien

45 ml / 3 eetlepels sojasaus

45 ml / 3 eetlepels rijstwijn of droge sherry

15 ml / 1 eetlepel pindakaas

5 ml / 1 theelepel citroensap

350 g / 12 oz eiernoedels

60 ml / 4 eetlepels arachideolie

175 ml / 6 fl oz / ¬œ kopje kippenbouillon

15 ml / 1 eetlepel maizena (maizena)

30 ml / 2 eetlepels oestersaus

4 lente-uitjes (lente-uitjes), fijngehakt

3 stengels bleekselderij, in plakjes

100 g / 4oz champignons, in plakjes

1 groene paprika in reepjes gesneden

100 g taugé

Snijd en gooi het vet van het vlees weg. Snijd langs de draad in dunne plakjes. Snijd de uien in partjes en scheid de lagen. Meng 15 ml / 1 eetlepel sojasaus met 15 ml / 1 eetlepel wijn of sherry, de pindakaas en het citroensap. Voeg het vlees toe, dek af en laat

1 uur rusten. Kook de noedels in kokend water ongeveer 5 minuten of tot ze gaar zijn. Goed laten uitlekken. Verhit 15 ml / 1 eetlepel olie, voeg 15 ml / 1 eetlepel sojasaus en de noedels toe en bak 2 minuten tot ze licht goudbruin zijn. Breng over naar een hete serveerschaal.

Meng de rest van de sojasaus en wijn of sherry met de bouillon, maïsmeel en oestersaus. Verhit 15 ml / 1 eetlepel olie en fruit de uien 1 minuut. Voeg de bleekselderij, champignons, paprika en taugé toe en bak 2 minuten mee. Haal uit de wok. Verhit de rest van de olie en bak het vlees tot het bruin is. Voeg het bouillonmengsel toe, breng aan de kook, dek af en laat 3 minuten sudderen. Doe de groenten terug in de wok en laat ze al roerend ongeveer 4 minuten sudderen tot ze heet zijn. Giet het mengsel over de noedels en serveer.

komkommerfilet

voor 4 personen

450 g ossenhaasbiefstuk

10 ml / 2 theelepels maizena (maizena)

10 ml / 2 theelepels zout

2,5 ml / ¬Ω theelepel versgemalen peper

90 ml / 6 eetlepels arachideolie (pinda)

1 ui fijngesnipperd

1 komkommer, geschild en in plakjes

120 ml / 4 fl oz / ¬Ω kopje runderbouillon

Snijd de filet in reepjes en vervolgens in dunne plakjes tegen de draad in. Doe in een kom en voeg de maizena, zout, peper en de helft van de olie toe. Laat 30 minuten marineren. Verhit de rest van de olie en bak het vlees en de ui lichtbruin. Voeg de komkommer en bouillon toe, breng aan de kook, dek af en laat 5 minuten sudderen.

Gebakken rundvlees curry

voor 4 personen

45 ml / 3 eetlepels boter

15 ml / 1 eetlepel kerriepoeder

45 ml / 3 eetlepels gewone bloem (voor alle doeleinden)

375 ml / 13 fl oz / 1 Ω kopje melk

15 ml / 1 eetlepel sojasaus

zout en versgemalen peper

450 g gekookt rundvlees, fijngehakt

100g / 4oz erwten

2 wortelen, in stukjes

2 gesnipperde uien

225 g gekookte langkorrelige rijst, heet

1 hardgekookt ei (gekookt), in plakjes

Smelt de boter, voeg het kerriepoeder en de bloem toe en kook 1 minuut. Voeg de melk en sojasaus toe, breng aan de kook en laat al roerend 2 minuten sudderen. Kruid met peper en zout. Voeg rundvlees, erwten, wortelen en uien toe en meng goed om met saus te coaten. Voeg de rijst toe, doe het mengsel in een ovenschaal en bak in een voorverwarmde oven op 200 ∞C / 400 ∞F / gasstand 6 gedurende 20 minuten tot de groenten gaar zijn. Serveer gegarneerd met plakjes hardgekookt ei.

Ham en waterkastanje omelet

2 porties

30 ml / 2 eetlepels arachideolie

1 gesnipperde ui

1 teen knoflook geplet

50 g / 2 oz gehakte ham

50 g / 2 oz waterkastanjes, gehakt

15 ml / 1 eetlepel sojasaus

50g/2oz cheddar kaas

3 losgeklopte eieren

Verhit de helft van de olie en fruit de ui, knoflook, ham, waterkastanjes en sojasaus lichtbruin. Haal ze uit de pan. Verhit de resterende olie, voeg de eieren toe en schep het ei in het midden wanneer het begint te stollen, zodat het rauwe ei eronder kan lopen. Als het ei gaar is, giet je het hammengsel in de ene helft van de tortilla, bestrooi je met de kaas en vouw je de andere helft van de tortilla erdoor. Dek af en kook gedurende 2 minuten, draai dan en kook nog 2 minuten tot ze goudbruin zijn.

Omelet Met Kreeft

voor 4 personen

4 eieren

zout en versgemalen peper

30 ml / 2 eetlepels arachideolie

3 lente-uitjes (lente-uitjes), fijngehakt

100 g kreeftenvlees, gehakt

Klop de eieren lichtjes los en breng op smaak met peper en zout. Verhit de olie en fruit de lente-uitjes 1 minuut. Voeg de kreeft toe en roer tot hij bedekt is met olie. Giet de eieren in de pan en kantel de pan zodat het ei het oppervlak bedekt. Til de randen van de tortilla op terwijl de eieren hard worden, zodat het rauwe ei eronder kan lopen. Kook tot het gaar is, vouw het dan dubbel en serveer meteen.

oester omelet

voor 4 personen

4 eieren

120 ml / 4 fl oz / ½ kopje melk

12 gepelde oesters

3 lente-uitjes (lente-uitjes), fijngehakt

zout en versgemalen peper

30 ml / 2 eetlepels arachideolie

50 g / 2 oz mager varkensvlees, versnipperd

50 g / 2 oz champignons, in plakjes

50 g / 2 oz bamboescheuten, in plakjes

Klop de eieren lichtjes los met de melk, oesters, lente-uitjes, zout en peper. Verhit de olie en bak het varkensvlees lichtbruin. Voeg de champignons en bamboescheuten toe en bak 2 minuten mee. Giet het eiermengsel in de pan en kook, waarbij je de randen van de omelet optilt terwijl de eieren stollen, zodat het rauwe ei eronder kan lopen. Kook tot het gaar is, vouw het dan dubbel, draai de tortilla om en bak tot de andere kant lichtbruin is. Serveer in één keer.

Garnalenomelet

voor 4 personen

4 eieren

15 ml / 1 eetlepel rijstwijn of droge sherry

zout en versgemalen peper

30 ml / 2 eetlepels arachideolie

1 schijfje gemberwortel, fijngehakt

225 g / 8 oz gepelde garnalen

Klop de eieren lichtjes los met de wijn of sherry en breng op smaak met peper en zout. Verhit de olie en bak de gember licht goudbruin. Voeg de garnalen toe en roer tot ze onder de olie staan. Giet de eieren in de pan en kantel de pan zodat het ei het oppervlak bedekt. Til de randen van de tortilla op terwijl de eieren hard worden, zodat het rauwe ei eronder kan lopen. Kook tot het gaar is, vouw het dan dubbel en serveer meteen.

voor 4 personen

4 eieren

5 ml / 1 theelepel sojasaus

zout en versgemalen peper

30 ml / 2 eetlepels arachideolie

3 lente-uitjes (lente-uitjes), fijngehakt

225 g sint-jakobsschelpen, gehalveerd

Klop de eieren los met de sojasaus en breng op smaak met peper en zout. Verhit de olie en bak de lente-uitjes lichtbruin. Voeg de coquilles toe en bak 3 minuten mee. Giet de eieren in de pan en kantel de pan zodat het ei het oppervlak bedekt. Til de randen van de tortilla op terwijl de eieren hard worden, zodat het rauwe ei eronder kan lopen. Kook tot het gaar is, vouw het dan dubbel en serveer meteen.

Omelet met Tofu

voor 4 personen

4 eieren

zout en versgemalen peper

30 ml / 2 eetlepels arachideolie

225 g / 8oz tofu, versnipperd

Klop de eieren lichtjes los en breng op smaak met peper en zout. Verhit de olie, voeg dan de tofu toe en sauteer tot alles goed heet is. Giet de eieren in de pan en kantel de pan zodat het ei het oppervlak bedekt. Til de randen van de tortilla op terwijl de eieren hard worden, zodat het rauwe ei eronder kan lopen. Kook tot het gaar is, vouw het dan dubbel en serveer meteen.

Varkensvlees Gevulde Tortilla

voor 4 personen

50 g taugé

60 ml / 4 eetlepels arachideolie

225g / 8oz mager varkensvlees, in blokjes gesneden

3 lente-uitjes (lente-uitjes), fijngehakt

1 stengel gehakte bleekselderij

15 ml / 1 eetlepel sojasaus

5 ml / 1 theelepel suiker

4 eieren, licht geklopt

Zout

Blancheer de taugé 3 minuten in kokend water en laat ze goed uitlekken. Verhit de helft van de olie en bak het varkensvlees lichtbruin. Voeg de lente-uitjes en bleekselderij toe en bak 1 minuut mee. Voeg sojasaus en suiker toe en bak 2 minuten mee. Haal uit de pan. Kruid de losgeklopte eieren met zout. Verhit de resterende olie en giet de eieren in de pan, kantel de pan zodat het ei het oppervlak bedekt. Til de randen van de tortilla op terwijl de eieren hard worden, zodat het rauwe ei eronder kan lopen. Leg de vulling in het midden van de tortilla en vouw hem dubbel. Kook tot het gaar is en serveer dan meteen.

Garnalen Gevulde Tortilla

voor 4 personen

30 ml / 2 eetlepels arachideolie

2 stengels bleekselderij, fijngesneden

2 lente-uitjes (lente-uitjes), fijngehakt

225 g gepelde garnalen, gehalveerd

4 eieren, licht geklopt

Zout

Verhit de helft van de olie en fruit de bleekselderij en ui lichtbruin. Voeg de garnalen toe en bak tot ze heel heet zijn. Haal uit de pan. Kruid de losgeklopte eieren met zout. Verhit de resterende olie en giet de eieren in de pan, kantel de pan zodat het ei het oppervlak bedekt. Til de randen van de tortilla op terwijl de eieren hard worden, zodat het rauwe ei eronder kan lopen. Leg de vulling in het midden van de tortilla en vouw hem dubbel. Kook tot het gaar is en serveer dan meteen.

Gestoomde tortilla rolletjes met kipvulling

voor 4 personen

4 eieren, licht geklopt

Zout

15 ml / 1 eetlepel arachideolie

100 g / 4 oz gekookte kip, gehakt

2 plakjes gemberwortel, fijngesneden

1 gesnipperde ui

120 ml / 4 fl oz / ½ kopje kippenbouillon

15 ml / 1 eetlepel rijstwijn of droge sherry

Klop de eieren los en breng op smaak met zout. Verhit een beetje olie en giet een kwart van de eieren erin, kantelend om het mengsel over de pan te verdelen. Bak aan één kant lichtbruin en laat rusten, draai dan ondersteboven op een bord. Kook de overige 4 tortilla's. Meng de kip, gember en ui. Schep het mengsel gelijkmatig tussen de tortilla's, rol op, zet vast met cocktailprikkers en leg de broodjes in een ondiepe ovenvaste schaal. Plaats op een rooster in een stoompan, dek af en stoom gedurende 15 minuten. Breng over naar een hete serveerschaal en snijd in dikke plakken. Verwarm intussen de bouillon en sherry en breng op smaak met zout. Giet over tortilla's en serveer.

oester pannenkoeken

Voor 4 tot 6 porties

12 oesters

4 eieren, licht geklopt

3 lente-uitjes (lente-uitjes), gesneden

zout en versgemalen peper

6 ml / 4 eetlepels bloem voor alle doeleinden

2,5 ml / ½ theelepel bakpoeder

45 ml / 3 eetlepels arachideolie (pinda)

Schil de oesters, bewaar 60 ml/4 eetlepels likeur en hak ze grof. Meng de eieren met de oesters, lente-uitjes, zout en peper. Meng de bloem en het bakpoeder, meng tot een pasta met de oesterschnaps en meng het mengsel vervolgens met de eieren. Verhit een beetje olie en bak eetlepels van het beslag om kleine pannenkoekjes te maken. Bak tot ze aan elke kant lichtbruin zijn, voeg dan een beetje meer olie toe aan de pan en ga door tot al het mengsel is gebruikt.

Garnalen pannenkoeken

voor 4 personen

50 g gepelde garnalen, gehakt

4 eieren, licht geklopt

75 g / 3 oz / volle kop bloem voor alle doeleinden

zout en versgemalen peper

120 ml / 4 fl oz / ½ kopje kippenbouillon

2 lente-uitjes (lente-uitjes), fijngehakt

30 ml / 2 eetlepels arachideolie

Meng alle ingrediënten behalve olie. Verhit een beetje olie, giet een kwart van het beslag erin en kantel de pan om het over de bodem te verdelen. Bak tot de onderkant lichtbruin is, draai dan om en bak de andere kant bruin. Haal uit de pan en bak de resterende pannenkoeken verder.

Chinese Roerei

voor 4 personen

4 losgeklopte eieren

2 lente-uitjes (lente-uitjes), fijngehakt

snufje zout

5 ml / 1 theelepel sojasaus (optioneel)

30 ml / 2 eetlepels arachideolie

Klop de eieren los met de lente-uitjes, zout en sojasaus, indien gebruikt. Verhit de olie en giet dan het eimengsel erbij. Roer voorzichtig met een vork tot de eieren gestold zijn. Serveer in één keer.

Roerei met vis

voor 4 personen

225 g / 8 oz visfilet

30 ml / 2 eetlepels arachideolie

1 schijfje gemberwortel, fijngehakt

2 lente-uitjes (lente-uitjes), fijngehakt

4 eieren, licht geklopt

zout en versgemalen peper

Plaats de vis in een ovenvaste schaal en plaats deze op een rooster in een stoompan. Dek af en stoom ongeveer 20 minuten, verwijder dan het vel en verkruimel het vruchtvlees. Verhit de olie en fruit de gember en lente-uitjes lichtbruin. Voeg de vis toe en roer tot hij bedekt is met olie. Breng de eieren op smaak met zout en peper, giet ze in de pan en roer voorzichtig met een vork tot de eieren gestold zijn. Serveer in één keer.

Roerei met champignons

voor 4 personen

30 ml / 2 eetlepels arachideolie

4 losgeklopte eieren

3 lente-uitjes (lente-uitjes), fijngehakt

snufje zout

5 ml / 1 theelepel sojasaus

100g / 4oz champignons, grof gehakt

Verhit de helft van de olie en bak de champignons een paar minuten tot ze heel heet zijn en haal ze dan uit de pan. Klop de eieren los met de lente-uitjes, zout en sojasaus. Verhit de resterende olie en giet het eimengsel erin. Roer voorzichtig met een vork tot de eieren beginnen te stollen, doe dan de champignons terug in de pan en kook tot de eieren gestold zijn. Serveer in één keer.

Roerei met oestersaus

voor 4 personen

4 losgeklopte eieren

3 lente-uitjes (lente-uitjes), fijngehakt

zout en versgemalen peper

5 ml / 1 theelepel sojasaus

30 ml / 2 eetlepels arachideolie

15 ml / 1 eetlepel oestersaus

100 g gekookte ham, verkruimeld

2 takjes bladpeterselie

Klop de eieren los met de lente-uitjes, zout, peper en sojasaus. Voeg de helft van de olie toe. Verhit de resterende olie en giet het eimengsel erin. Roer voorzichtig met een vork tot de eieren beginnen te stollen, voeg dan de oestersaus toe en kook tot de eieren gestold zijn. Serveer gegarneerd met de ham en peterselie.

Roerei met varkensvlees

voor 4 personen

8 oz / 225 g mager varkensvlees, in plakjes

30 ml / 2 eetlepels sojasaus

30 ml / 2 eetlepels arachideolie

2 lente-uitjes (lente-uitjes), fijngehakt

4 losgeklopte eieren

snufje zout

5 ml / 1 theelepel sojasaus

Meng het varkensvlees en de sojasaus zodat het varkensvlees goed bedekt is. Verhit de olie en bak het varkensvlees lichtbruin. Voeg de uien toe en bak 1 minuut mee. Klop de eieren los met de lente-uitjes, zout en sojasaus en giet het eiermengsel in de pan. Roer voorzichtig met een vork tot de eieren gestold zijn. Serveer in één keer.

Roerei met varkensvlees en garnalen

voor 4 personen

100 g gehakt varkensvlees (gemalen)

225 g / 8 oz gepelde garnalen

2 lente-uitjes (lente-uitjes), fijngehakt

1 schijfje gemberwortel, fijngehakt

5 ml / 1 theelepel maizena (maizena)

15 ml / 1 eetlepel rijstwijn of droge sherry

15 ml / 1 eetlepel sojasaus

zout en versgemalen peper

45 ml / 3 eetlepels arachideolie (pinda)

4 eieren, licht geklopt

Meng het varkensvlees, garnalen, lente-uitjes, gember, maizena, wijn of sherry, sojasaus, zout en peper. Verhit de olie en bak het varkensmengsel lichtbruin. Giet de eieren erbij en roer voorzichtig met een vork tot de eieren gestold zijn. Serveer in één keer.

Roerei Met Spinazie

voor 4 personen

45 ml / 3 eetlepels arachideolie (pinda)

225g / 8oz spinazie

4 losgeklopte eieren

2 lente-uitjes (lente-uitjes), fijngehakt

snufje zout

Verhit de helft van de olie en bak de spinazie een paar minuten tot hij helder groen is maar niet geslonken. Haal het uit de pan en hak het fijn. Klop de eieren los met de lente-uitjes, zout en sojasaus, indien gebruikt. Voeg de spinazie toe. Verhit de olie en giet dan het eimengsel erbij. Roer voorzichtig met een vork tot de eieren gestold zijn. Serveer in één keer.

Roerei met bieslook

voor 4 personen

4 losgeklopte eieren

8 lente-uitjes (lente-uitjes), fijngehakt

zout en versgemalen peper

5 ml / 1 theelepel sojasaus

30 ml / 2 eetlepels arachideolie

Klop de eieren los met de lente-uitjes, zout, peper en sojasaus. Verhit de olie en giet dan het eimengsel erbij. Roer voorzichtig met een vork tot de eieren gestold zijn. Serveer in één keer.

Roerei Met Tomaat

voor 4 personen

4 losgeklopte eieren

2 lente-uitjes (lente-uitjes), fijngehakt

snufje zout

30 ml / 2 eetlepels arachideolie

3 tomaten, ontveld en in stukjes

Klop de eieren los met de lente-uitjes en het zout. Verhit de olie en giet dan het eimengsel erbij. Roer voorzichtig tot de eieren beginnen te stollen, meng dan de tomaten erdoor en blijf koken, al roerend, tot ze stollen. Serveer in één keer.

Roerei met Groenten

voor 4 personen

30 ml / 2 eetlepels arachideolie

5 ml / 1 theelepel sesamolie

1 groene paprika in blokjes gesneden

1 fijngehakt teentje knoflook

100 g sugar snaps, gehalveerd

4 losgeklopte eieren

2 lente-uitjes (lente-uitjes), fijngehakt

snufje zout

5 ml / 1 theelepel sojasaus

Verhit de helft van de arachideolie met de sesamolie en bak de paprika en knoflook lichtbruin. Voeg de sugar snaps toe en bak 1 minuut mee. Klop de eieren los met de lente-uitjes, zout en sojasaus en giet het mengsel in de pan. Roer voorzichtig met een vork tot de eieren gestold zijn. Serveer in één keer.

kippensoufflé

voor 4 personen

100g / 4oz gehakte kipfilet

(Ik meestal)

45 ml / 3 eetlepels kippenbouillon

2,5 ml / ½ theelepel zout

4 eiwitten

75 ml / 5 eetlepels arachideolie (pinda)

Meng kip, bouillon en zout goed. Klop de eiwitten stijf en voeg toe aan het mengsel. Verhit de olie tot het rookt, voeg het mengsel toe en roer goed, zet dan het vuur lager en ga door met koken, zachtjes roerend, tot het mengsel stevig is.

krabsoufflé

voor 4 personen

100 g / 4 oz krabvlees, in vlokken

Zout

15 ml / 1 eetlepel maizena (maizena)

120 ml / 4 fl oz / ½ kopje melk

4 eiwitten

75 ml / 5 eetlepels arachideolie (pinda)

Meng het krabvlees, zout, maizena en meng goed. Klop de eiwitten stijf en voeg ze dan toe aan het mengsel. Verhit de olie tot het rookt, voeg het mengsel toe en roer goed, zet dan het vuur lager en ga door met koken, zachtjes roerend, tot het mengsel stevig is.

Soufflé van krab en gember

voor 4 personen

75 ml / 5 eetlepels arachideolie (pinda)

2 plakjes gemberwortel, fijngesneden

1 lente-ui (lente-ui), gesnipperd

100 g / 4 oz krabvlees, in vlokken

Zout

15 ml / 1 eetlepel rijstwijn of droge sherry

120 ml / 4 ft oz / k kopje melk

60 ml / 4 eetlepels kippenbouillon

15 ml / 2 eetlepels maizena (maizena)

4 eiwitten

5 ml / 1 theelepel sesamolie

Verhit de helft van de olie en fruit de gember en ui tot ze zacht zijn. Voeg het krabvlees en het zout toe, haal van het vuur en laat iets afkoelen. Meng de wijn of sherry, melk, bouillon en maïsmeel en meng dit vervolgens door het krabvleesmengsel. Klop de eiwitten stijf en voeg ze dan toe aan het mengsel. Verhit de resterende olie tot het rookt, voeg het mengsel toe en roer goed, zet dan het vuur lager en blijf zachtjes roeren tot het mengsel stevig is.

vissoufflé

voor 4 personen

3 eieren, gescheiden
5 ml / 1 theelepel sojasaus
5 ml / 1 theelepel suiker
zout en versgemalen peper
450 g / 1 pond visfilets
45 ml / 3 eetlepels arachideolie (pinda)

Meng de eidooiers met de sojasaus, suiker, zout en peper. Snijd de vis in grote stukken. Dompel de vis in het mengsel tot hij goed bedekt is. Verhit de olie en bak de vis tot hij lichtbruin is op de bodem. Klop intussen de eiwitten stijf. Draai de vis om en leg het eiwit op de vis. Kook gedurende 2 minuten tot de bodem lichtbruin is, draai dan opnieuw en kook nog 1 minuut tot het eiwit stevig en goudbruin is. Serveer met tomatensaus.

garnalensoufflé

voor 4 personen

225 g gepelde garnalen, gehakt

1 schijfje gemberwortel, fijngehakt

15 ml / 1 eetlepel rijstwijn of droge sherry

15 ml / 1 eetlepel sojasaus

zout en versgemalen peper

4 eiwitten

45 ml / 3 eetlepels arachideolie (pinda)

Meng de garnalen, gember, wijn of sherry, sojasaus, zout en peper. Klop de eiwitten stijf en voeg ze dan toe aan het mengsel. Verhit de olie tot het rookt, voeg het mengsel toe en roer goed, zet dan het vuur lager en ga door met koken, zachtjes roerend, tot het mengsel stevig is.

Garnalensoufflé met taugé

voor 4 personen

100 g taugé

100 g gepelde garnalen, grof gehakt

2 lente-uitjes (lente-uitjes), fijngehakt

5 ml / 1 theelepel maizena (maizena)

15 ml / 1 eetlepel rijstwijn of droge sherry

120 ml / 4 fl oz / ½ kopje kippenbouillon

Zout

4 eiwitten

45 ml / 3 eetlepels arachideolie (pinda)

Blancheer de taugé 2 minuten in kokend water, giet af en houd warm. Meng intussen de garnalen, ui, maizena, wijn of sherry en bouillon en breng op smaak met zout. Klop de eiwitten stijf en voeg ze dan toe aan het mengsel. Verhit de olie tot het rookt, voeg het mengsel toe en roer goed, zet dan het vuur lager en ga door met koken, zachtjes roerend, tot het mengsel stevig is. Leg op een hete serveerschaal en garneer met taugé.

groentesoufflé

voor 4 personen

5 eieren, gescheiden

3 geraspte aardappelen

1 kleine ui fijngesnipperd

15 ml / 1 eetlepel gehakte verse peterselie

5 ml / 1 theelepel sojasaus

zout en versgemalen peper

Klop de eiwitten stijf. Klop de eidooiers tot ze bleek en dik zijn, voeg dan de aardappelen, ui, peterselie en sojasaus toe en meng goed.

Voeg de eiwitten toe. Giet in een ingevette soufflévorm en bak in een voorverwarmde oven op 180°C/350°F/gasstand 4 ongeveer 40 minuten.

Ei Foo Yung

voor 4 personen

4 eieren, licht geklopt

Zout

100 g / 4 oz gekookte kip, gehakt

1 gesnipperde ui

2 stengels bleekselderij, fijngesneden

50g / 2oz champignons, gehakt

30 ml / 2 eetlepels arachideolie

foo yung eiersaus

Meng eieren, zout, kip, ui, selderij en champignons. Verhit een beetje olie en giet een kwart van het mengsel in de pan. Bak tot de onderkant lichtbruin is, draai dan om en bak de andere kant bruin. Serveer met ei foo yung saus.

Gebakken Ei Foo Yung

voor 4 personen

4 eieren, licht geklopt

5 ml / 1 theelepel zout

100 g / 4 oz gerookte ham, gehakt

100 g gehakte champignons

15 ml / 1 eetlepel sojasaus

olie om te frituren

Meng de eieren met het zout, de ham, de champignons en de sojasaus. Verhit de olie en laat voorzichtig eetlepels van het mengsel in de olie vallen. Bak tot ze boven komen drijven en draai ze aan beide kanten bruin. Haal uit de olie en laat uitlekken terwijl je de overige pannenkoeken bakt.

Foo Yung Krab Met Champignons

voor 4 personen

6 losgeklopte eieren

45 ml / 3 eetlepels maizena (maizena)

100 g / 4 oz krabvlees

100 g / 4oz champignons, in blokjes gesneden

100 g / 4 oz bevroren erwten

2 lente-uitjes (lente-uitjes), fijngehakt

5 ml / 1 theelepel zout

45 ml / 3 eetlepels arachideolie (pinda)

Klop de eieren los en voeg dan de maizena toe. Voeg alle overige ingrediënten toe behalve olie. Verhit een beetje olie en giet het mengsel beetje bij beetje in de pan om kleine pannenkoekjes van ongeveer 7,5 cm breed te maken. Bak tot de onderkant lichtbruin is, draai dan om en bak de andere kant bruin. Ga door totdat je al het mengsel hebt gebruikt.

Ham Ei Foo Yung

voor 4 personen

60 ml / 4 eetlepels arachideolie

50g / 2oz bamboescheuten, in blokjes gesneden

50 g / 2 oz waterkastanjes, in blokjes gesneden

2 lente-uitjes (lente-uitjes), fijngehakt

2 stengels bleekselderij, in blokjes gesneden

50 g / 2 oz gerookte ham, in blokjes gesneden

15 ml / 1 eetlepel sojasaus

2,5 ml / theelepel suiker

2,5 ml / ½ theelepel zout

4 eieren, licht geklopt

Verhit de helft van de olie en fruit de bamboescheuten, waterkastanjes, lente-uitjes en bleekselderij ongeveer 2 minuten. Voeg de ham, sojasaus, suiker en zout toe, neem uit de pan en laat iets afkoelen. Voeg het mengsel toe aan de losgeklopte eieren. Verhit een beetje van de resterende olie en giet het mengsel beetje bij beetje in de pan om kleine pannenkoekjes van ongeveer 7,5 cm breed te maken. Bak tot de onderkant lichtbruin is, draai dan om en bak de andere kant bruin. Ga door totdat je al het mengsel hebt gebruikt.

Geroosterd Varkensvlees Ei Foo Yung

voor 4 personen

4 gedroogde Chinese champignons

60 ml / 3 eetlepels arachideolie

100 g / 4 oz varkensgebraad, versnipperd

100 g paksoi, geraspt

50 g / 2 oz bamboescheuten, in plakjes

50 g / 2 oz waterkastanjes, in plakjes

4 eieren, licht geklopt

zout en versgemalen peper

Week de champignons 30 minuten in warm water en giet ze daarna af. Gooi de stelen weg en snij de toppen eraf. Verhit 30 ml / 2 eetlepels olie en bak de champignons, varkensvlees, kool, bamboescheuten en waterkastanjes 3 minuten. Haal uit de pan en laat iets afkoelen, meng ze dan met de eieren en breng op smaak met zout en peper. Verhit een beetje van de resterende olie en giet het mengsel beetje bij beetje in de pan om kleine pannenkoekjes van ongeveer 7,5 cm breed te maken. Bak tot de onderkant lichtbruin is, draai dan om en bak de andere kant bruin. Ga door totdat je al het mengsel hebt gebruikt.

Varkensei en Garnalen Foo Yung

voor 4 personen

45 ml / 3 eetlepels arachideolie (pinda)
100 g mager varkensvlees, in plakjes
1 gesnipperde ui
225 g / 8 oz garnalen, gepeld, in plakjes
50 g / 2 oz paksoi, geraspt
4 eieren, licht geklopt
zout en versgemalen peper

Verhit 30 ml / 2 eetlepels olie en bak het varkensvlees en de ui lichtbruin. Voeg de garnalen toe en bak tot ze bedekt zijn met olie, voeg dan de kool toe, schep goed om, dek af en laat 3 minuten sudderen. Haal uit de pan en laat iets afkoelen. Voeg het vleesmengsel toe aan de eieren en breng op smaak met peper en zout. Verhit een beetje van de resterende olie en giet het mengsel beetje bij beetje in de pan om kleine pannenkoekjes van ongeveer 7,5 cm breed te maken. Bak tot de onderkant lichtbruin is, draai dan om en bak de andere kant bruin. Ga door totdat je al het mengsel hebt gebruikt.

witte rijst

voor 4 personen

225 g / 8 oz / 1 kop langkorrelige rijst

15 ml / 1 eetlepel olie

750 ml / 1¼ pts / 3 kopjes water

Was de rijst en doe deze in een pan. Voeg het water toe aan de olie en voeg het dan toe aan de pan zodat het ongeveer 2,5 cm boven de rijst komt. Breng aan de kook, dek af met een goed sluitend deksel, zet het vuur lager en laat 20 minuten sudderen.

gekookte bruine rijst

voor 4 personen

225 g / 8 oz / 1 kop langkorrelige bruine rijst
5 ml / 1 theelepel zout
900 ml / 1½ pts / 3¾ kopjes water

Was de rijst en doe deze in een pan. Voeg het zout en water toe zodat het ongeveer 3 cm boven de rijst komt. Breng aan de kook, dek af met een goed sluitend deksel, zet het vuur lager en laat 30 minuten sudderen, zorg ervoor dat je niet droog kookt.

Rijst met rundvlees

voor 4 personen

225 g / 8 oz / 1 kop langkorrelige rijst
100 g / 4 oz rundergehakt (gemalen)
1 schijfje gemberwortel, fijngehakt
15 ml / 1 eetlepel sojasaus
15 ml / 1 eetlepel rijstwijn of droge sherry
5 ml / 1 theelepel arachideolie
2,5 ml / theelepel suiker
2,5 ml / ½ theelepel zout

Doe de rijst in een grote pan en breng aan de kook. Dek af en laat ongeveer 10 minuten sudderen tot het meeste vocht is opgenomen. Meng de rest van de ingrediënten, leg ze op de rijst, dek af en kook nog 20 minuten op laag vuur tot ze gaar zijn. Roer ingrediënten voor het serveren.

Rijst met kippenlever

voor 4 personen

225 g / 8 oz / 1 kop langkorrelige rijst
375 ml / 13 fl oz / 1½ kopjes kippenbouillon
Zout
2 gekookte kippenlevertjes, in dunne plakjes

Doe de rijst en de bouillon in een grote pan en breng aan de kook. Dek af en laat ongeveer 10 minuten sudderen tot de rijst bijna gaar is. Verwijder het deksel en kook op laag vuur totdat het grootste deel van de bouillon is opgenomen. Breng op smaak met zout, voeg de kippenlevers toe en verwarm zachtjes voor het serveren.

Rijst met kip en champignons

voor 4 personen

225 g / 8 oz / 1 kop langkorrelige rijst

100 g kippenvlees, versnipperd

100 g / 4oz champignons, in blokjes gesneden

5 ml / 1 theelepel maizena (maizena)

5 ml / 1 theelepel sojasaus

5 ml / 1 theelepel rijstwijn of droge sherry

snufje zout

15 ml / 1 el fijngehakte lente-uitjes (lente-uitjes)

15 ml / 1 eetlepel oestersaus

Doe de rijst in een grote pan en breng aan de kook. Dek af en laat ongeveer 10 minuten sudderen tot het meeste vocht is opgenomen. Meng alle overige ingrediënten behalve lente-uitjes en oestersaus, leg ze op de rijst, dek af en kook nog 20 minuten op laag vuur tot ze gaar zijn. Meng de ingrediënten door elkaar en bestrooi voor het serveren met lente-uitjes en oestersaus.

Kokosrijst

voor 4 personen

225 g / 8 oz / 1 kop Thaise rijst met smaak

1 l / 1¾ pts / 4¼ kopjes kokosmelk

150 ml / ¼ pt / royale ½ kopje kokosroom

1 takje gehakte koriander

snufje zout

Breng alle ingrediënten aan de kook in een pan, dek af en laat de rijst ongeveer 25 minuten op laag vuur zwellen, af en toe roeren.

Rijst met krabvlees

voor 4 personen

225 g / 8 oz / 1 kop langkorrelige rijst

100 g / 4 oz krabvlees, in vlokken

2 plakjes gemberwortel, fijngesneden

15 ml / 1 eetlepel sojasaus

15 ml / 1 eetlepel rijstwijn of droge sherry

5 ml / 1 theelepel arachideolie

5 ml / 1 theelepel maizena (maizena)

zout en versgemalen peper

Doe de rijst in een grote pan en breng aan de kook. Dek af en laat ongeveer 10 minuten sudderen tot het meeste vocht is opgenomen. Meng de rest van de ingrediënten, leg ze op de rijst, dek af en kook nog 20 minuten op laag vuur tot ze gaar zijn. Roer ingrediënten voor het serveren.

Rijst met Erwten

voor 4 personen

225 g / 8 oz / 1 kop langkorrelige rijst

350g/12oz erwten

30 ml / 2 eetlepels sojasaus

Doe de rijst en de bouillon in een grote pan en breng aan de kook. Voeg de erwten toe, dek af en laat ongeveer 20 minuten sudderen tot de rijst bijna gaar is. Verwijder het deksel en kook op laag vuur totdat het meeste vocht is opgenomen. Dek af en laat 5 minuten van het vuur rusten en serveer dan bestrooid met sojasaus.

Rijst met peper

voor 4 personen

225 g / 8 oz / 1 kop langkorrelige rijst

2 lente-uitjes (lente-uitjes), fijngehakt

1 rode paprika in blokjes

45 ml / 3 eetlepels sojasaus

30 ml / 2 eetlepels arachideolie

5 ml / 1 theelepel suiker

Doe de rijst in een pan, bedek met koud water, breng aan de kook, dek af en laat ongeveer 20 minuten sudderen tot het gaar is. Laat goed uitlekken en voeg dan de lente-uitjes, peper, sojasaus, olie en suiker toe. Breng over naar een hete serveerschaal en serveer onmiddellijk.

Rijst met gepocheerd ei

voor 4 personen

225 g / 8 oz / 1 kop langkorrelige rijst

4 eieren

15 ml / 1 eetlepel oestersaus

Doe de rijst in een pan, bedek met koud water, breng aan de kook, dek af en laat ongeveer 10 minuten sudderen tot het gaar is. Giet af en leg op een hete serveerschaal. Breng intussen een pan water aan de kook, breek de eieren voorzichtig en kook ze een paar minuten tot de eiwitten gestold zijn maar de eieren nog vochtig zijn. Haal met een schuimspaan uit de pan en leg op de rijst. Serveer bestrooid met oestersaus.

Rijst in Singaporese stijl

voor 4 personen

225 g / 8 oz / 1 kop langkorrelige rijst

5 ml / 1 theelepel zout

1,2 l / 2 pts / 5 kopjes water

Was de rijst en doe deze in een pan met het zout en water. Breng aan de kook, zet het vuur lager en laat ongeveer 15 minuten sudderen tot de rijst gaar is. Giet af in een vergiet en spoel af met heet water voor het serveren.

Slow Boat Rijst

voor 4 personen

225 g / 8 oz / 1 kop langkorrelige rijst

5 ml / 1 theelepel zout

15 ml / 1 eetlepel olie

750 ml / 1¼ pts / 3 kopjes water

Was de rijst en doe deze in een ovenschaal met het zout, de olie en het water. Dek af en bak in een voorverwarmde oven op 120°C/250°F/gasstand ½ gedurende ongeveer 1 uur tot al het water is opgenomen.

gestoomde gebakken rijst

voor 4 personen

225 g / 8 oz / 1 kop langkorrelige rijst

5 ml / 1 theelepel zout

450 ml / ¾ pt / 2 kopjes water

Doe de rijst, het zout en het water in een braadpan, dek af en bak in een voorverwarmde oven op 180 °C / 350 °F / gasstand 4 gedurende ongeveer 30 minuten.

Gebakken rijst

voor 4 personen

225 g / 8 oz / 1 kop langkorrelige rijst

750 ml / 1¼ pts / 3 kopjes water

30 ml / 2 eetlepels arachideolie

1 losgeklopt ei

2 teentjes knoflook, gehakt

snufje zout

1 ui fijngesnipperd

3 lente-uitjes (lente-uitjes), fijngehakt

2,5 ml / ½ theelepel zwarte bandmelasse

Doe de rijst en het water in een pan, breng aan de kook, dek af en laat ongeveer 20 minuten sudderen tot de rijst gaar is. Goed laten uitlekken. Verhit 5 ml / 1 theelepel olie en giet het ei erin. Kook tot het op de bodem is gezet, draai dan om en ga door met koken tot het gaar is. Haal uit de pan en snij in reepjes. Voeg de resterende olie toe aan de pan met de knoflook en het zout en bak tot de knoflook goudbruin kleurt. Voeg de ui en rijst toe en bak 2 minuten mee. Voeg de lente-ui toe en bak 2 minuten mee. Voeg de zwarte bandmelasse toe tot de rijst bedekt is, voeg dan de eierreepjes toe en serveer.

gebakken rijst met amandelen

voor 4 personen

250 ml / 8 fl oz / 1 kop pindaolie (pinda)

50 g / 2 oz / ½ kopje geschaafde amandelen

4 losgeklopte eieren

450 g / 1 lb / 3 kopjes gekookte langkorrelige rijst

5 ml / 1 theelepel zout

3 plakjes gekookte ham, in reepjes gesneden

2 sjalotten, fijngesnipperd

15 ml / 1 eetlepel sojasaus

Verhit de olie en bak de amandelen goudbruin. Haal uit de pan en laat uitlekken op keukenpapier. Giet het grootste deel van de olie uit de pan, verwarm dan opnieuw en giet de eieren erbij, onder voortdurend roeren. Voeg de rijst en het zout toe en kook 5 minuten, til het op en roer snel zodat de rijstkorrels bedekt zijn met het ei. Voeg de ham, sjalotten en sojasaus toe en kook nog 2 minuten. Roer de meeste amandelen erdoor en serveer gegarneerd met de resterende amandelen.

voor 4 personen

45 ml / 3 eetlepels arachideolie (pinda)

225 g / 8oz spek, fijngehakt

1 ui fijngesnipperd

3 losgeklopte eieren

225 g / 8 oz gekookte langkorrelige rijst

Verhit de olie en bak het spek en de ui lichtbruin. Voeg de eieren toe en bak tot ze bijna gaar zijn. Voeg de rijst toe en bak tot de rijst is opgewarmd.

Gebakken Rijst Met Vlees

voor 4 personen

225 g mager rundvlees, in reepjes gesneden

15 ml / 1 eetlepel maizena (maizena)

15 ml / 1 eetlepel sojasaus

15 ml / 1 eetlepel rijstwijn of droge sherry

5 ml / 1 theelepel suiker

75 ml / 5 eetlepels arachideolie (pinda)

1 gesnipperde ui

450 g / 1 lb / 3 kopjes gekookte langkorrelige rijst

45 ml / 3 eetlepels kippenbouillon

Meng het vlees met maizena, sojasaus, wijn of sherry en suiker. Verhit de helft van de olie en fruit de ui glazig. Voeg het vlees toe en bak 2 minuten mee. Haal uit de pan. Verhit de rest van de olie, voeg de rijst toe en bak 2 minuten. Voeg de bouillon toe en verwarm. Voeg de helft van het vlees- en uienmengsel toe en roer tot het heet is, breng het dan over naar een hete serveerschaal en bedek met het resterende vlees en de uien.

Gebakken Rijst Met Gehakt

voor 4 personen

30 ml / 2 eetlepels arachideolie

1 teen knoflook geplet

snufje zout

30 ml / 2 eetlepels sojasaus

30 ml / 2 eetlepels hoisinsaus

450 g / 1 pond gehakt (gemalen)

1 ui gesnipperd

1 wortel in blokjes

1 prei in blokjes gesneden

450 g / 1 pond gekookte langkorrelige rijst

Verhit de olie en bak de knoflook en het zout lichtbruin. Voeg de soja- en hoisinsaus toe en roer tot het geheel is opgewarmd. Voeg het vlees toe en bak tot het bruin en kruimelig is. Voeg de groenten toe en bak tot ze gaar zijn, onder regelmatig roeren. Voeg de rijst toe en bak, onder voortdurend roeren, tot het gloeiend heet is en bedekt is met de sauzen.

voor 4 personen

450 g mager rundvlees, in dunne plakjes gesneden

45 ml / 3 eetlepels sojasaus

15 ml / 1 eetlepel rijstwijn of droge sherry

zout en versgemalen peper

15 ml / 1 eetlepel maizena (maizena)

45 ml / 3 eetlepels arachideolie (pinda)

1 gesnipperde ui

225 g / 8 oz gekookte langkorrelige rijst

Marineer het vlees in sojasaus, wijn of sherry, zout, peper en maïsmeel gedurende 15 minuten. Verhit de olie en fruit de ui lichtbruin. Voeg het vlees en de marinade toe en bak 3 minuten. Voeg de rijst toe en bak tot zeer heet.

kip gebakken rijst

voor 4 personen

225 g / 8 oz / 1 kop langkorrelige rijst

750 ml / 1¼ pts / 3 kopjes water

30 ml / 2 eetlepels arachideolie

2 teentjes knoflook, gehakt

snufje zout

1 ui fijngesnipperd

3 lente-uitjes (lente-uitjes), fijngehakt

100 g gekookte kip, versnipperd

15 ml / 1 eetlepel sojasaus

Doe de rijst en het water in een pan, breng aan de kook, dek af en laat ongeveer 20 minuten sudderen tot de rijst gaar is. Goed laten uitlekken. Verhit de olie en fruit de knoflook en het zout tot de knoflook licht goudbruin kleurt. Voeg de ui toe en bak 1 minuut mee. Voeg de rijst toe en bak 2 minuten mee. Voeg de bieslook en kip toe en bak 2 minuten mee. Voeg de sojasaus toe om de rijst te bedekken.

Eend Gebakken Rijst

voor 4 personen

4 gedroogde Chinese champignons

45 ml / 3 eetlepels arachideolie (pinda)

2 lente-uitjes (lente-uitjes), gesneden

225 g paksoi, versnipperd

100 g gekookte eend, versnipperd

45 ml / 3 eetlepels sojasaus

15 ml / 1 eetlepel rijstwijn of droge sherry

350 g / 12 oz gekookte langkorrelige rijst

45 ml / 3 eetlepels kippenbouillon

Week de champignons 30 minuten in warm water en giet ze daarna af. Gooi stengels weg en hak de toppen. Verhit de helft van de olie en fruit de lente-uitjes tot ze glazig zijn. Voeg de paksoi toe en bak 1 minuut mee. Voeg de eend, sojasaus en wijn of sherry toe en bak 3 minuten mee. Haal uit de pan. Verhit de rest van de olie en bak de rijst totdat deze bedekt is met olie. Voeg de bouillon toe, breng aan de kook en bak 2 minuten. Doe het eendenmengsel terug in de pan en roer tot het is opgewarmd voordat je het serveert.

ham gebakken rijst

voor 4 personen

30 ml / 2 eetlepels arachideolie

1 losgeklopt ei

1 teen knoflook geplet

350 g / 12 oz gekookte langkorrelige rijst

1 ui fijngesnipperd

1 groene paprika fijngesneden

100 g gehakte ham

50 g / 2 oz waterkastanjes, in plakjes

50 g / 2 oz bamboescheuten, gehakt

15 ml / 1 eetlepel sojasaus

15 ml / 1 eetlepel rijstwijn of droge sherry

15 ml / 1 eetlepel oestersaus

Verhit een beetje olie in een pan en voeg het ei toe, kantel de pan zodat het zich over de pan verspreidt. Bak tot de bodem lichtbruin is, draai dan om en bak de andere kant. Haal uit de pan en hak en bak de knoflook lichtbruin. Voeg de rijst, ui en peper toe en bak 3 minuten mee. Voeg de ham, waterkastanjes en bamboescheuten toe en bak 5 minuten mee. Voeg de overige ingrediënten toe en bak ongeveer 4 minuten. Serveer bestrooid met de eierreepjes.

Rijst met gerookte ham met bouillon

voor 4 personen

30 ml / 2 eetlepels arachideolie

3 losgeklopte eieren

350 g / 12 oz gekookte langkorrelige rijst

600 ml / 1pt / 2½ kopjes kippenbouillon

100 g gerookte ham, verkruimeld

100g / 4oz bamboescheuten, in plakjes

Verhit de olie en giet er dan de eieren in. Als ze beginnen te schiften, voeg je de rijst toe en bak je deze 2 minuten mee. Voeg de bouillon en ham toe en breng aan de kook. Laat 2 minuten sudderen, voeg dan de bamboescheuten toe en serveer.

varkensvlees gebakken rijst

voor 4 personen

201

45 ml / 3 eetlepels arachideolie (pinda)

3 lente-uitjes (lente-uitjes), fijngehakt

100 g / 4oz varkensgebraad, in blokjes gesneden

350 g / 12 oz gekookte langkorrelige rijst

30 ml / 2 eetlepels sojasaus

2,5 ml / ½ theelepel zout

2 losgeklopte eieren

Verhit de olie en fruit de lente-uitjes tot ze glazig zijn. Voeg varkensvlees toe en roer tot het bedekt is met olie. Voeg de rijst, sojasaus en zout toe en bak 3 minuten mee. Voeg de eieren toe en vouw tot ze beginnen te stollen.

Varkensvlees en Garnalen Gebakken Rijst

voor 4 personen

45 ml / 3 eetlepels arachideolie (pinda)

2,5 ml / ½ theelepel zout

2 lente-uitjes (lente-uitjes), fijngehakt

350 g / 12 oz gekookte langkorrelige rijst

100 g / 4oz varkensgebraad

225 g / 8 oz gepelde garnalen

50 g / 2 oz Chinese bladeren, geraspt

45 ml / 3 eetlepels sojasaus

Verhit de olie en bak het zout en de lente-uitjes lichtbruin. Voeg de rijst toe en bak mee om de korrels te breken. Voeg het varkensvlees toe en bak 2 minuten mee. Voeg de garnalen, Chinese bladeren en sojasaus toe en bak tot zeer heet.

Gebakken rijst met garnalen

voor 4 personen

225 g / 8 oz / 1 kop langkorrelige rijst

750 ml / 1¼ pts / 3 kopjes water

30 ml / 2 eetlepels arachideolie

2 teentjes knoflook, gehakt

snufje zout

1 ui fijngesnipperd

225 g / 8 oz gepelde garnalen

5 ml / 1 theelepel sojasaus

Doe de rijst en het water in een pan, breng aan de kook, dek af en laat ongeveer 20 minuten sudderen tot de rijst gaar is. Goed laten uitlekken. Verhit de olie met de knoflook en het zout en bak tot de knoflook licht goudbruin kleurt. Voeg de rijst en ui toe en bak 2 minuten mee. Voeg de garnalen toe en bak 2 minuten mee. Voeg sojasaus toe voor het serveren.

gebakken rijst en erwten

voor 4 personen

30 ml / 2 eetlepels arachideolie

2 teentjes knoflook, gehakt

5 ml / 1 theelepel zout

350 g / 12 oz gekookte langkorrelige rijst

225g / 8oz bevroren of geblancheerde erwten, ontdooid

4 lente-uitjes (lente-uitjes), fijngesnipperd

30 ml / 2 eetlepels fijngehakte verse peterselie

Verhit de olie en bak de knoflook en het zout lichtbruin. Voeg de rijst toe en bak 2 minuten mee. Voeg de erwten, uien en peterselie toe en bak een paar minuten tot ze goed warm zijn. Serveer warm of koud.

Zalm Gebakken Rijst

voor 4 personen

30 ml / 2 eetlepels arachideolie

2 teentjes knoflook fijngehakt

2 lente-uitjes (lente-uitjes), gesneden

50 g / 2 oz zalmgehakt

75g / 3oz gehakte spinazie

150 g gekookte langkorrelige rijst

Verhit de olie en fruit de knoflook en lente-uitjes 30 seconden. Voeg de zalm toe en bak 1 minuut mee. Voeg de spinazie toe en bak 1 minuut mee. Voeg de rijst toe en bak tot hij gloeiend heet en goed gemengd is.

Speciale Gebakken Rijst

voor 4 personen

60 ml / 4 eetlepels arachideolie

1 ui fijngesnipperd

100 g / 4oz spek, in stukjes

50 g / 2 oz gehakte ham

50 g gekookte kip, versnipperd

50 g / 2 oz gepelde garnalen

60 ml / 4 eetlepels sojasaus

30 ml / 2 eetlepels rijstwijn of droge sherry

zout en versgemalen peper

15 ml / 1 eetlepel maizena (maizena)

225 g / 8 oz gekookte langkorrelige rijst

2 losgeklopte eieren

100 g / 4oz champignons, in plakjes

50 g / 2 oz bevroren erwten

Verhit de olie en bak de ui en het spek lichtbruin. Voeg de ham en kip toe en bak 2 minuten mee. Voeg de garnalen, sojasaus, wijn of sherry, zout, peper en maizena toe en bak 2 minuten mee. Voeg de rijst toe en bak 2 minuten mee. Voeg de eieren, champignons en erwten toe en bak 2 minuten tot ze warm zijn.

Tien Kostbare Rijst

Serveert van 6 tot 8

45 ml / 3 eetlepels arachideolie (pinda)

1 lente-ui (lente-ui), gesnipperd

100 g mager varkensvlees, versnipperd

1 kipfilet, versnipperd

100 g ham, verkruimeld

30 ml / 2 eetlepels sojasaus

30 ml / 2 eetlepels rijstwijn of droge sherry

5 ml / 1 theelepel zout

350 g / 12 oz gekookte langkorrelige rijst

250 ml / 8 fl oz / 1 kop kippenbouillon

100 g bamboescheuten, in reepjes gesneden

50 g / 2 oz waterkastanjes, in plakjes

Verhit de olie en fruit de ui glazig. Voeg het varkensvlees toe en bak 2 minuten mee. Voeg de kip en ham toe en bak 2 minuten mee. Voeg sojasaus, sherry en zout toe. Voeg de rijst en bouillon toe en breng aan de kook. Voeg de bamboescheuten en waterkastanjes toe, dek af en laat 30 minuten sudderen.

Rijst met Gebakken Tonijn

voor 4 personen

30 ml / 2 eetlepels arachideolie

2 gesneden uien

1 groene paprika fijngesneden

450 g / 1 lb / 3 kopjes gekookte langkorrelige rijst

Zout

3 losgeklopte eieren

300 g / 12 oz tonijn uit blik, in vlokken

30 ml / 2 eetlepels sojasaus

2 sjalotten, fijngesnipperd

Verhit de olie en fruit de uien tot ze zacht zijn. Voeg de paprika toe en bak 1 minuut mee. Duw naar een kant van de pan. Voeg de rijst toe, bestrooi met zout en bak 2 minuten, waarbij u geleidelijk de paprika en ui mengt. Maak een kuiltje in het midden van de rijst, giet er nog wat olie bij en giet de eieren erin. Roer tot bijna roerei en meng door de rijst. Kook nog 3 minuten. Voeg de tonijn en sojasaus toe en verwarm goed. Serveer bestrooid met de gesnipperde sjalotten.

Gekookte eiernoedels

voor 4 personen
10 ml / 2 theelepels zout
450 g / 1 pond eiernoedels
30 ml / 2 eetlepels arachideolie

Breng een pan met water aan de kook, voeg het zout toe en voeg de noedels toe. Breng aan de kook en kook ongeveer 10 minuten tot ze zacht maar nog stevig zijn. Goed uit laten lekken, afspoelen met koud water, afgieten en daarna afspoelen met heet water. Besprenkel met olie voor het serveren.

gestoomde eiernoedels

voor 4 personen

10 ml / 2 theelepels zout

450 g / 1 pond dunne eiernoedels

Breng een pan met water aan de kook, voeg het zout toe en voeg de noedels toe. Goed roeren en dan uitlekken. Doe de noedels in een vergiet, doe ze in een stoompan en stoom ze ongeveer 20 minuten boven kokend water tot ze gaar zijn.

Geroosterde Noedels

Voor 8 porties

10 ml / 2 theelepels zout

450 g / 1 pond eiernoedels
30 ml / 2 eetlepels arachideolie
roerbak gerecht

Breng een pan met water aan de kook, voeg het zout toe en voeg de noedels toe. Breng aan de kook en kook ongeveer 10 minuten tot ze zacht maar nog stevig zijn. Goed uit laten lekken, afspoelen met koud water, afgieten en daarna afspoelen met heet water. Gooi met de olie, meng voorzichtig met een sauté-mix en verwarm zachtjes om de smaken te mengen.

Gebakken noedels

voor 4 personen

225 g / 8 oz dunne eiernoedels

Zout

olie om te frituren

Kook de noedels in kokend gezouten water volgens de
aanwijzingen op de verpakking. Goed laten uitlekken. Leg
meerdere lagen keukenpapier op een bakplaat, spreid de noedels
uit en laat enkele uren drogen. Verhit de olie en bak de noedels
eetlepel per keer in ongeveer 30 seconden goudbruin. Laat
uitlekken op keukenpapier.

voor 4 personen

350 g / 12 oz eiernoedels

75 ml / 5 eetlepels arachideolie (pinda)

Zout

Breng een pan water aan de kook, voeg de noedels toe en kook tot de noedels gaar zijn. Giet af en spoel af met koud water, daarna met heet water en daarna weer afgieten. Voeg 15 ml/1 eetlepel olie toe en laat afkoelen in de koelkast. Verhit de resterende olie tot hij bijna rookt. Voeg de noedels toe en schep voorzichtig om tot ze bedekt zijn met olie. Zet het vuur lager en blijf een paar minuten roeren tot de noedels goudbruin zijn van buiten maar zacht van binnen.

Gestoofde Noedels

voor 4 personen

450 g / 1 pond eiernoedels

5 ml / 1 theelepel zout

30 ml / 2 eetlepels arachideolie

3 lente-uitjes (lente-uitjes), in reepjes gesneden

1 teen knoflook geplet

2 plakjes gemberwortel, fijngesneden

100 g mager varkensvlees, in reepjes gesneden

100 g ham, in reepjes gesneden

100 g gepelde garnalen

450 ml / ¬œpt / 2 kopjes kippenbouillon

30 ml / 2 eetlepels sojasaus

Breng een pan met water aan de kook, voeg het zout toe en voeg de noedels toe. Breng aan de kook en kook ongeveer 5 minuten, giet af en spoel af met koud water.

Verhit intussen de olie en fruit de lente-uitjes, knoflook en gember tot ze lichtbruin zijn. Voeg het varkensvlees toe en bak tot het licht van kleur is. Voeg de ham en garnalen toe en voeg de bouillon, sojasaus en noedels toe. Breng aan de kook, dek af en laat 10 minuten sudderen.

koude noedels

voor 4 personen

450 g / 1 pond eiernoedels

5 ml / 1 theelepel zout

15 ml / 1 eetlepel arachideolie

225 g taugé

225 g / 8 oz varkensgebraad, versnipperd

1 komkommer in reepjes gesneden

12 radijsjes, in reepjes gesneden

Breng een pan met water aan de kook, voeg het zout toe en voeg de noedels toe. Breng aan de kook en kook ongeveer 10 minuten tot ze zacht maar nog stevig zijn. Laat goed uitlekken, spoel af met koud water en laat weer uitlekken. Besprenkel met de olie en leg op een serveerschaal. Schik de overige ingrediënten op kleine bordjes rondom de noedels. Gasten serveren een selectie van ingrediënten in kleine kommen.

noedelmanden

voor 4 personen

225 g / 8 oz dunne eiernoedels

Zout

olie om te frituren

Kook de noedels in kokend gezouten water volgens de aanwijzingen op de verpakking. Goed laten uitlekken. Leg meerdere lagen keukenpapier op een bakplaat, spreid de noedels uit en laat enkele uren drogen. Bestrijk de binnenkant van een middelgrote zeef met een beetje olie. Verdeel een gelijkmatige laag noedels van ongeveer 1 cm dik in het vergiet. Borstel de buitenkant van een kleinere zeef met olie en druk lichtjes in de grotere. Verhit de olie, plaats de twee zeven in de olie en bak ongeveer 1 minuut tot de noedels goudbruin zijn. Verwijder voorzichtig de zeefjes en ga zo nodig met een mes langs de randen van de noedels om ze los te maken.

noedelpannenkoek

voor 4 personen

225 g / 8 oz eiernoedels

5 ml / 1 theelepel zout

75 ml / 5 eetlepels arachideolie (pinda)

Breng een pan met water aan de kook, voeg het zout toe en voeg de noedels toe. Breng aan de kook en kook ongeveer 10 minuten tot ze zacht maar nog stevig zijn. Goed uit laten lekken, afspoelen met koud water, afgieten en daarna afspoelen met heet water. Meng met 15 ml / 1 eetlepel olie. Verhit de resterende olie. Voeg de noedels toe aan de pan om een dikke pannenkoek te maken. Bak tot ze lichtbruin zijn op de bodem, draai ze om en bak ze tot ze lichtbruin maar zacht zijn in het midden.

www.ingramcontent.com/pod-product-compliance
Ingram Content Group UK Ltd.
Pitfield, Milton Keynes, MK11 3LW, UK
UKHW021449110325

456069UK00005B/385